中国旅游发展年度报告书系
Annual Development Report of China's Tourism

中国旅游住宿业发展报告2018

——从高速度增长转向高质量发展

CHINA LODGING INDUSTRY DEVELOPMENT REPORT 2018

—From High Speed Growth to High Quality Development

中国旅游研究院

北京·旅游教育出版社

责任编辑：郭珍宏

图书在版编目（CIP）数据

中国旅游住宿业发展报告. 2018 : 从高速度增长转向高质量发展 / 中国旅游研究院著. -- 北京 : 旅游教育出版社，2018.11

ISBN 978-7-5637-3862-5

Ⅰ. ①中… Ⅱ. ①中… Ⅲ. ①旅馆—服务业—经济发展—研究报告—中国—2018 Ⅳ. ①F719.2

中国版本图书馆CIP数据核字(2018)第266388号

中国旅游住宿业发展报告2018

——从高速度增长转向高质量发展

中国旅游研究院 著

出版单位	旅游教育出版社
地　　址	北京市朝阳区定福庄南里1号
邮　　编	100024
发行电话	（010）65778403　65728372　65767462（传真）
本社网址	www.tepcb.com
E - mail	tepfx@163.com
排版单位	北京旅教文化传播有限公司
印刷单位	北京中科印刷有限公司
经销单位	新华书店
开　　本	787毫米×1092毫米　1/16
印　　张	6.75
字　　数	88千字
版　　次	2018年11月第1版
印　　次	2018年11月第1次印刷
定　　价	55.00元

（图书如有装订差错请与发行部联系）

目录

CONTENTS

第一章

发展方式：从重速度转向重质量

住宿业产业规模巨大，增长速度开始放缓，盈利能力以及服务品质上有较大提升空间，区域、档次和产品结构上存在不平衡，未来的关注点要从以前的注重规模和速度转向注重质量和品质。

一、住宿业规模：高速增长后增速放缓

改革开放 40 年来，我国住宿业处于高速度增长阶段，近十年中住宿业年固定资产的投资增长超过了 10 倍，住宿业规模也属于绝对的高速增长，2016 年新开工住宿项目是 2003 年的近 8 倍，投资规模和新建项目复合增长率都远远高于 GDP 的增长。住宿业在高速增长进程中，住宿业规模不断地做大，从而跨越住宿产品短缺的发展时期。相当长一段时期保持比较高的增长率，为我国住宿业迈向高质量发展阶段打下了良好基础。这是一个必须经历的阶段，没有高速度增长，我国住宿业就很难实现从低水平向高质量的突破。

从住宿业规模看，经过较长时期的高速增长后增速开始放缓。虽然 2016 年住宿机构数量仍呈上升态势，但自 2014 年以来投资金额增速已经开始放缓，并且 2016 年首次出现下跌。未来住宿业的规模还会有较大的上升空间，但是我们的一个判断是，这个高速度增长阶段已经发生了质的变化，业界对住宿业的关注重心正在从发展规模和速度转向品质和绩效，住宿业发展开始从注重高速度增长转向注重高质量发展的阶段。

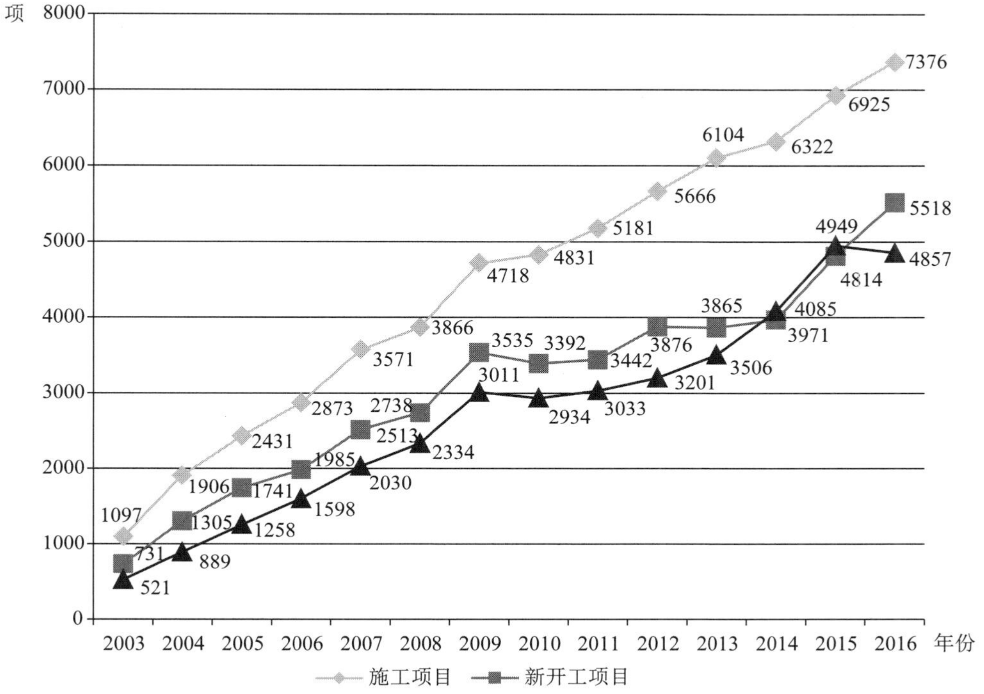

图 1-1　年度规上住宿业建设项目数量

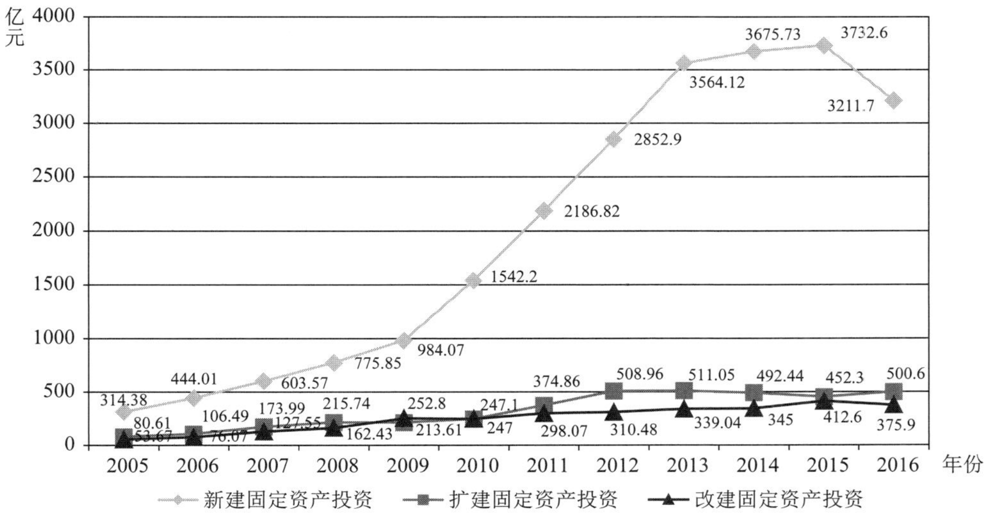

图 1-2　年度规上住宿业固定资产投资规模

二、住宿业绩效：处于微利水平

从住宿业的盈利能力来看，自 2014 年触底以来，虽然说逐步地回升，但总体而言整个住宿业和旅游业绩效一样，都一直处于微利的状态，旅游业的利润率很难超过 5%，住宿业的利润率很难超过 3%。即使 2016 年业界相对较高，星级酒店资产收益率也只有 2.8%。其中，虽然五星级酒店近年来一直处于盈利水平，例如 2017 年整体盈利 65.6 亿元，为近年来最好年份，但平均到 816 家五星级酒店，每家平均只有 800 万元的盈利水平，而平均到其他 8000 多家星级酒店，盈利只有 7 亿元。当前资金成本超过 6%，甚至更多超过 10%，酒店资产收益不能覆盖资金成本，倒逼酒店业必须实施高质量发展。当然，从盈利角度看酒店资产的质量是比较低的，但酒店具有充沛的现金流，酒店资产长期看是升值的，再加之酒店投资往往有助于提升整个投资组合的价值，以及酒店具有改善城市形象等功能，因此酒店投资收益低并不能否定其投资价值。

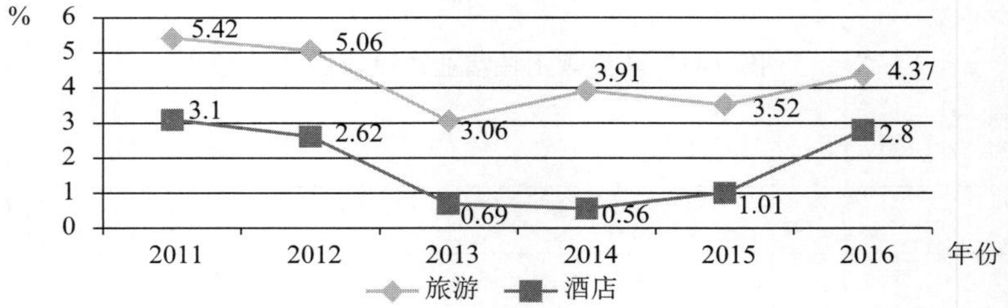

图 1-3 酒店与旅游企业净资产收益率

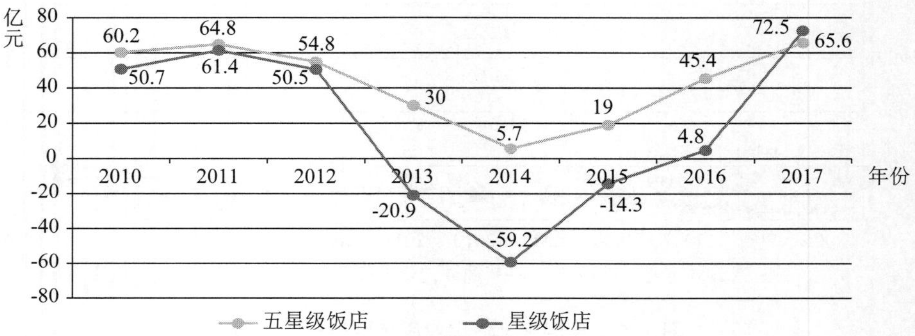

图 1-4 2010—2017 年星级饭店利润

而从美国住宿业近 20 年的经营情况看，营业收入、GOP 和 EBITDA 总体呈上升态势，2016 年整体营业收入 1993.8 亿美元，GOP 为 762 亿美元，GOP 率为 38.2%，EBITDA 为 526 亿美元。2016 年美国住宿机构数量为 5.3 万家，每家平均 EBITDAD 约达到 100 万美元。其盈利能力远胜于我国住宿业。

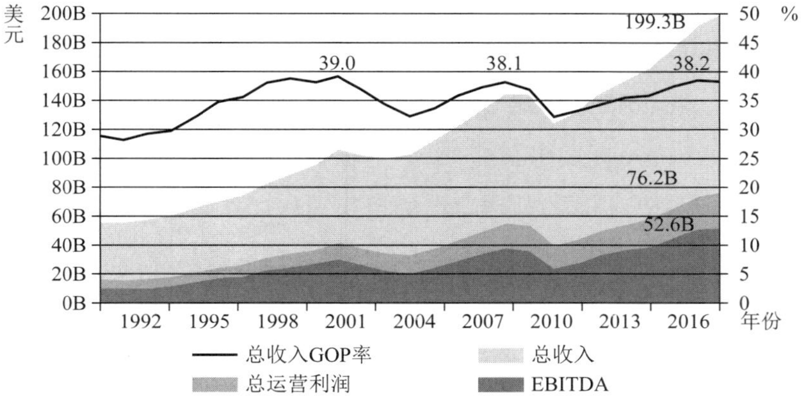

图 1–5　美国住宿业收益与利润

资料来源：美国酒店与住宿业协会。

从美国酒店投资回报率来看，近 20 年的酒店投资回报指数总体呈上升趋势，而且美国酒店投资回报超过广义上的商业地产投资回报。

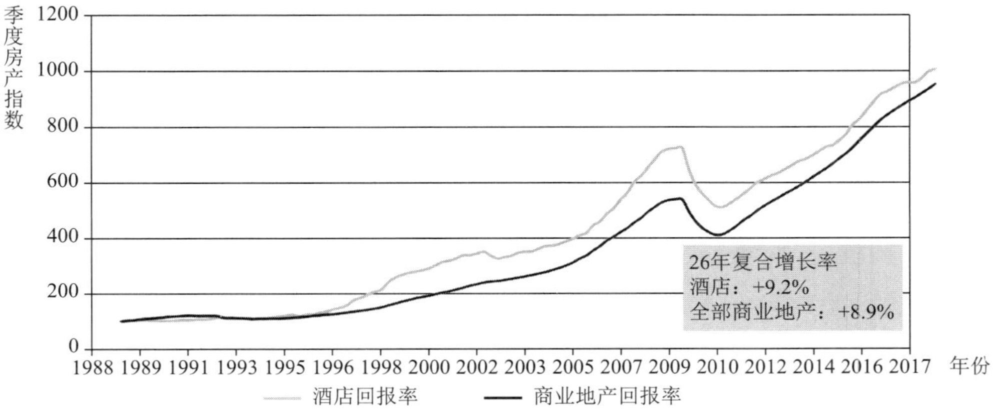

图 1–6　美国酒店与商业地产回报率

美国酒店的收益率可能预示着中国酒店的低回报率并非常态，未来有可能向更高投资回报水平回归。

三、酒店集团规模增长与品牌影响力提升不同步

从酒店集团的规模来看，已有三家中国酒店集团进入世界前十，但具有影响力的品牌还很有限。根据酒店业杂志《HOTELS》以客房规模、酒店数为标准所公布的全球酒店集团排名，在 2012 年度锦江国际以 214 796 间客房和 1401 家开业门店位列第九，如家酒店以 214 070 间客房和 1772 家开业门店位列第十位。2017 年度“全球酒店集团 325 强”排名中，中国酒店方面，锦江、首旅如家和华住继续保持行业前十。其中，锦江以 680 111 间客房、6794 家开业门店蝉联榜单第五名，首旅如家以 384 743 间客房、3712 家开业门店蝉联榜单第八名；华住以 379 675 间客房、3746 家开业门店蝉联第九名。根据规模排名，2012 年中国有两家酒店集团进入世界前十名，到 2017 年三家进入世界前十，位置进一步上升，但从品牌影响力来看，本土酒店集团的品牌影响力并没有同步提升。分层级看，高端品牌溢价能力还较弱，中端品牌和经济型品牌，在国内占有率高，但还不具备世界影响力。也即规模反映不了质量。

四、住宿业品质：尚有较大提升空间

随着住宿业规模的增长，住宿业发展质量和发展水平也得到一定程度提升。总体而言，住宿业品质相对以前有很大提高，但是尚存在不少问题，还有较大的提升空间。每年住宿业总会时不时爆出一些质量方面的问题，例如，客房空气质量、酒店床单换洗问题、毛巾酸碱值超标、食物中毒、火灾、环保、数据泄露以及侵犯顾客隐私等问题，显示我们在服务质量和管理水平方面还有很大的改善空间。因此未来相当长的一段时间内，住宿业发展将聚焦于高质量发展。

五、住宿业迈向高质量发展阶段

当前我国主要社会矛盾已经转变为人民日益增长的美好生活需要与不平衡不充

分发展之间的矛盾。“不平衡不充分的发展”本身就是发展质量不高的突出表现。那么酒店住宿业作为人民群众对美好生活追求的重要组成部分，当前消费者的住宿体验和服务品质需求日益分化多元，住宿供给的业态和产品也日渐的丰富多样，但仍然存在供给的区域与档次结构的不平衡，供给的类型和内容的不充分。

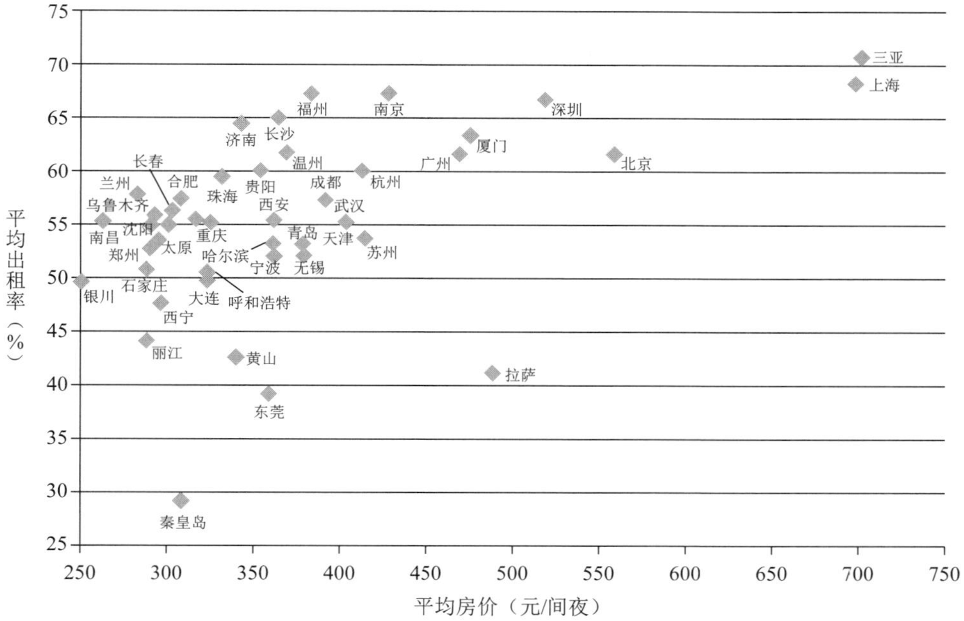

图 1–7　2016 年 50 个旅游城市星级饭店绩效的区域性差异

住宿业发展不平衡，主要包括城乡不平衡、地区不平衡、人群不平衡、业态和档次不平衡等方面。过去矛盾的主要方面是供给数量与旅游者需求的不匹配，现在转向为产品质量与人们需求的不匹配。影响行业持续健康发展的因素既有供给问题也有需求问题，既有结构问题也有总量问题，但供给侧和结构性问题是矛盾的主要方面。供给结构失衡，不能适应需求结构的变化；供给质量不高，不能满足人民美好生活和经济转型升级的需求。发展不平衡的本质，还是旅游者需求与供给不匹配，满足不了各类人群的需求。住宿业发展不充分，既体现在发展质量和效益还不高，也体现在需要向中国服务、中国创造、中国智造升级等方面。追求住宿业发展上的平衡和充分，是住宿业发展到一定阶段才会出现的现象。

因此，要以住宿业供给侧结构性改革为主线，推动住宿业发展从数量扩张为主转向质量提升为主，从解决“有没有”转向解决“好不好”。这也要求我们用心研究消费者的需求，用大数据给消费者画像，真正做到以人为本，根据消费者的需求来匹配住宿供给。

从美国的住宿业增长与国家 GDP 增长之间的关系来看，二者呈正相关关系。我国因为住宿业统计不完善，从数据上不能得出两者关系，但理论上应该和美国情况一致。当前，国家提出的高质量发展战略已经开启了由“数量追赶”转向“质量追赶”的新阶段，住宿业也从高速度增长迈向高质量发展阶段。

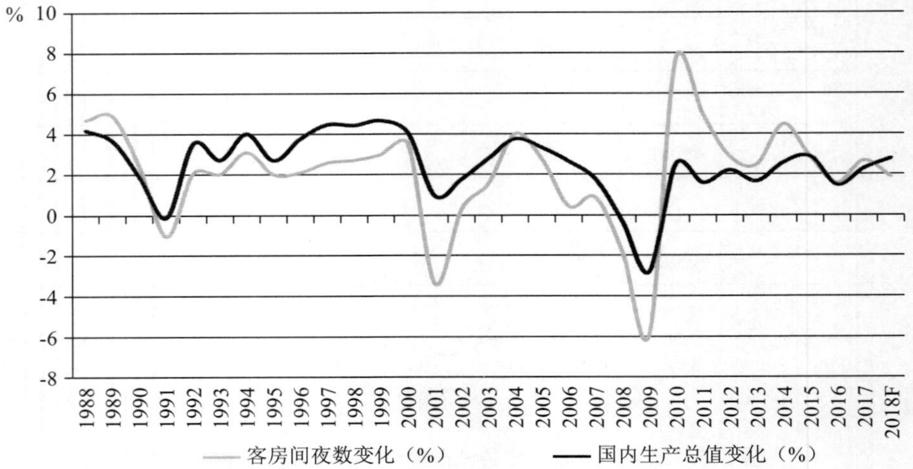

图 1-8　美国住宿业发展与 GDP 增长关系

高增长阶段，基本实现了量的满足，下一步的着力点必然转化为质的提升，因此必须实现高质量发展。如果说，填补“数量缺口”是过去一个时期经济发展的动力源泉，那么填补“质量缺口”就是高质量发展阶段经济发展的潜力所在。高质量发展阶段的主要任务就是要转向“质量追赶”，以提高供给体系质量为主攻方向，提升产业价值链和产品附加值，提高劳动生产率、投资回报率和全要素生产率，显著增强经济质量优势。高质量发展人们需要更高质量的产品和更优质的商业服务，需要更高效更温馨的公共服务。住宿行业经历了狂飙突进式的粗放发展后，开始进入到存量博弈和差异化竞争阶段，行业内各细分领域都存在着迫切的变革压力。

第二章

发展动力：从要素驱动转向创新驱动

在高质量发展阶段，制约发展的瓶颈是创新能力不足，必须把发展基点放在创新上，依靠创新推动经济发展的质量变革、效率变革、动力变革，不断增强经济创新力和竞争力。住宿业发展的高质量包括企业运营的高效率，投资的高效益和为消费者提供服务的高品质。过去更多是依靠土地、资本、人力这些要素投入来推动行业的高速发展，未来要更多地依靠科技、创意和管理所形成的创新来提高全要素生产率，推动住宿业高质量发展。

一、优化利用存量空间和土地资源

在住宿业领域，以前的投入较多的是土地、资本和人力要素，但是未来将更多投入科技、创意和管理。土地、资本和人力等传统要素仍然重要，需要继续投入，但是关注的重点发生了变化。酒店住宿设施是附着在土地上的功能性空间，优质土地资源越来越少，未来更多的是对已有存量空间和土地资源的优化利用。例如，民宿、公寓是对存量空间资源的优化利用，经济型酒店更多的是对废弃空间的利用，现在很多城市这种空间越来越少。

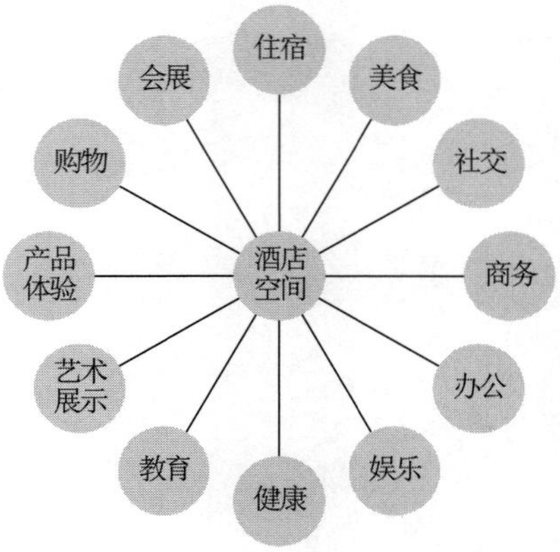

图 2-1　酒店空间价值多元化

随着消费升级和消费理念转变，出行住宿需求已经由单一居住空间，向多元化、个性化方向转变。这样的话，就要求我们对酒店空间的利用，不仅仅是用来做住宿、餐饮、会议展览，而是会叠加健康功能、教育功能、艺术展示功能、共享办公功能等，从而实现空间价值的最大化利用。例如，维也纳酒店集团在酒店大堂为线上商家开设线下体验店；与第三方专业公司合作，实现共享会议室、共享游泳池，引入培训中心、月子中心等功能；探索合理利用酒店剩余空间的方式，将酒店打造成跨行业的多业态综合体等。

亚朵酒店集团提出“始于酒店，不止于酒店”的理念，希望跨越单一住宿需求，建立亚朵网状生态系统。亚朵以酒店起步，从经营房间开始，进入到空间，走入人群。在亚朵，酒店不再是一个睡觉的地方，更像是一个生活空间，一个开放平台。亚朵的商业模式和传统酒店的不同之处在于以酒店作为流量入口为用户打造一个生活体验平台。亚朵沿着两条轴线不断发展。一方面，横向实现生态布局，在住宿场景上不断开拓创新。以人文酒店、城市旅行酒店为起点，不断开拓出小型精品酒店、中长租公寓、度假空间、共享办公、城市精神空间等产品。目前亚朵已经发展出亚朵酒店、轻居、公寓、The Drama 四大住宿产品线。也就是拓店、扩大用户群、做好服务、留住客户。另一方面，纵向发掘用户群的价值，在生活消费场景上不断渗透扩张。亚朵以酒店为切入点，融入社群、电商和金融三个元素，不断增强酒店住宿业务之外的生活场景的布局，实现了“亚朵酒店向亚朵生活”的转型，通过亚朵空间连接人，打造可用即可买、当地文化体验之旅、消费金融等场景，提供住宿、美食、购物、社交、娱乐、旅游、健康、教育、金融、商务等多元化、可协同的体验。

很多酒店在尝试丰富酒店空间内容，挖酒店空间价值。在空间运营中，坪效是其核心，尤其公区和配套占比，像健身房、游泳池这类投入过大都有潜在风险，公区过大导致房间量减少，随之而来整个 RevPAR 和酒店收益也会受到影响。但同时，消费者对于中高端酒店的软服务要求越来越高，酒店需要有各式各样的公区来满足客人的不同需求。如何在有限的存量空间中实现更多发展，提升酒店坪效，为有限的空间增加有效的盈利产品是酒店营运者需要重点考虑的问题。首旅如家推出的柏丽艾尚酒店针对市场需求的轻量级社交活动，为客人免费提供场地，如此一来产生的餐饮酒水消费可以带来额外收益，在打破餐厅、公区隔离状态后，也吸引了许多的社团组织前往。有效地利用空间，便可以产出可观效益，增加有限空间中的坪效。

一些酒店也在尝试通过场景建构，实现酒店空间和场景的重构。例如，首旅如家发布了承载“生态圈”的新版 APP，正式为上亿顾客提供食、住、行、游、购、娱六大板块的服务。这个名为“如旅随行”的生态圈目前正在不断扩展中，其孵化的创新项目“磨呗空间”于 8 月获得首旅如家与优客工场联合投资。磨呗空间以共享办公为核心，集 24 小时书吧、新零售线下体验、咖啡、轻餐于一身的空间服务，创造性地融合科技、文化属性，打造随行的会议空间产品。

庞大的市场背后是消费者需求的个性多样化，酒店已经不再仅仅是酒店，而是成为一个可以容纳各种内容的场景。喆菲提出“提高中国有限服务中端酒店的服务质量，以商业地产营运模式，发展及融合社区价值，提升生活素质”的品牌发展愿景。从这个愿景出发，喆啡借用 Coffetel=Café+Hotel+Galleria（ 生活平台 ）这个独特的商业模式重新定义酒店空间。喆啡聚焦商旅人士的细分需求打磨产品，希望能为其提供一个即使在赶路，仍然可以放松的栖息空间，所以选择了可以容纳各种文化、各种思想的多元化场所——“咖啡馆”与酒店大堂进行融合，打造一个黄金时代欧洲咖啡馆的情境。一方面可以在这公共空间为消费者提供更多体验，另一方面也将服务对象拓宽到社区，提升酒店的盈利空间。喆啡运营团队就利用商业房地产的概念，用消费者旅程规划了消费点的可能性。在酒店的不同功能分区里，打造了不同的消费情境，如咖啡馆、艺术长廊、客房咖啡角。然后基于这些消费需求，在同一个情境里进行改变创新。依照物业的不同特点，喆啡开发了三种类型的大堂，比如说：位于一线城市核心地段的小型大堂，通过外送服务将大堂价值发挥出来；位于中心城市的中型大堂，增加契合当地文化的盈利服务；景区城市的大型大堂，提供更多的一站式旅居服务。喆啡正在咖啡馆空间中，融入更多的跨界合作，对接更多消费需求，与很多体验品牌一起，落地一些新的消费体验，以实现投资人的物业通过喆啡的运营管理、资产管理，让价值回报达到最大化。

随着消费升级到来，酒店内外空间发生延展。尚美生活提出，对于酒店的“外空间”来说，过去酒店主要空间就在于住宿空间。当酒店呈现另外一种全新的“外空间”，而且不仅仅是简单的外立面，自身还能创造场景时，这就是一个新的空间变化。“内空间”就是酒店房间的变化。过去的酒店更多体验它的基本实用功能，未来的酒店从硬件到软件上都在发生翻天覆地的变化。通过内空间的变化可以提升住宿的场景化体验，从硬件和软件上都已经衍变成“新空间”。在更好地满足用户需求的基础上，提升用户体验，利用创新的“新空间”业态为酒店带来更丰富的空间价值。

尚美生活的“尚客优品酒店 + 两两书店”，正是践行其 H+ 战略，实现酒店 + 多业态经营，包括 H+ 大堂艺术中心、咖啡书店、文创商品、联合办公、新零售等内容，旨在通过整合 HOTEL+ 业态 + 内容，以生活方式为导向，打造集住宿、生活、社交于一体的“H+ 生态圈”。从咖啡、烘焙到书店，尚美正在借助酒店独有的空间性，打造多元化的“新空间”业态，寻找一切能与住宿消费相关联并成为流量入口的点位，重新构建酒店与用户之间的关联。尚美旗下酒店品牌与两两书店优化组合、联动发展，不仅有效盘活了大堂公共空间流量，实现收益最大化。对于消费者而言，他们的消费空间也会变得更加生动有趣、更加多样化，最终实现空间流量价值最大化。

二、重视资本运营和资产管理

资本会继续投入到住宿业，但未来更多的是对所形成的酒店和住宿业资产进行资产管理，以最大化其价值。在高速增长阶段，大量资本投入使得酒店规模快速增长，但投资效益低。基于目前酒店业 2%~3% 的收益率，远远不能覆盖资金成本，这种发展模式是不可持续的，所以未来重点不是建新的酒店和住宿机构，而是要对存量酒店和住宿项目实行资产管理，使它能够产生更好的回报。

酒店资产管理以一种独立、专业的第三方身份，提供运营评估、物业评估及改造升级等顾问服务，并用全新的资产定位，联合金融机构，协助提升资产价值或寻求退出机制。酒店资产管理通过建立酒店管理的运营、财务、市场等方面的行业标准，有效地监控酒店经营表现，并伴随着大量的和各个相关行业的访谈，从中去自行评估已知与未知、可能和不可能的未来结果，并且制定步骤去合理地增加收入、控制成本，从而提升运营现金流，最终使业主有机会以更好的价格退出，以达到投资回报率最大化。资产管理不仅仅是帮助你在酒店的开发期、筹开期、运营期获得更多更大的收益，更是在酒店的后期帮助你做好资产退出的一种规划。

业主和管理公司的目标之间往往存在固有的、不可调和的差异，使得酒店运营方与业主的决策难以完全一致。而资产管理者则会集中精力于守护业主的权益。酒店管理方关注的是“酒店的业务”，资产管理者与业主则关注“酒店的价值”。资产管理者的积极参与，有助于酒店业主平衡其资产的运作模式与财务期望。对于业主而言，资产管理公司可以协助业主代表更专业地行使自己的监管权力，他们在运营、财务和法律多方面的专业支持将使业主 / 业主代表掌握较大的主动权。

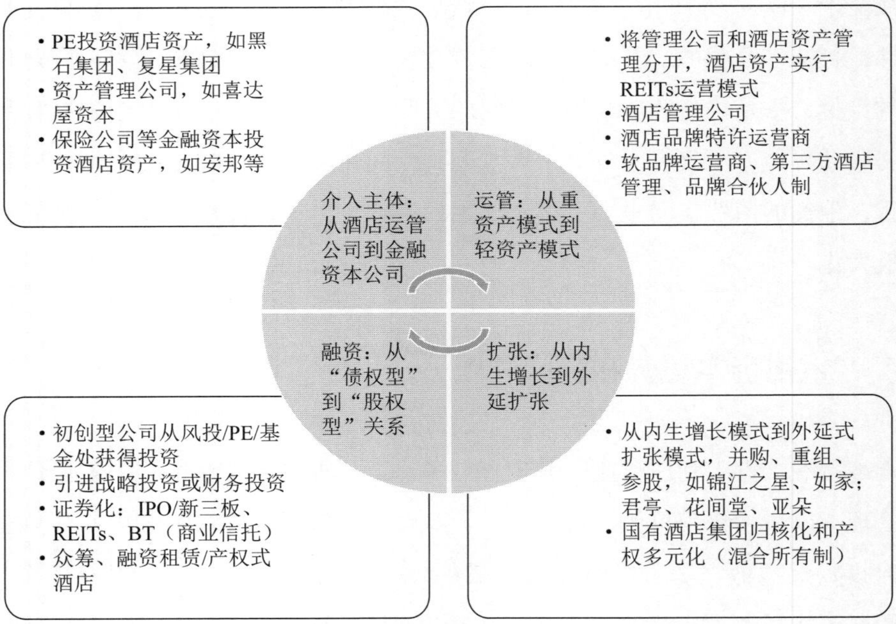

图 2-2　住宿业的资本思维

企业家也要拥抱金融，更好地运用金融手段，发挥金融对企业发展的重要作用。资本的层面，前几年资本一直注入行业。未来，更多的是对已经有的庞大资产进行管理，发掘最大化的价值。这对未来酒店资产的价值发现会有很大的作用。现在对酒店更多从以前的运营走向资产的管理，从市场思维转向资本思维。酒店管理的介入方面，现在金融公司、PE 都介入到这个行业，以前重资产运营，现在是轻资产运营。融资的手段也在不断发生变化，以前是更多负债，现在更多用 IPO、风投等模式来融资。当前，轻资产化是大势所趋，绿地酒店集团将培育优质酒店资产包，通过 REITS 等方式实现轻资产化。目前绿地已对旗下 19 个酒店做了 REITS 的打包，计划 2018 年年底之前在新加坡发行。

鉴于主板上市困难，不少中小规模的连锁酒店希望通过挂牌新三板来实现融资目的，但从现实和效果来看，新三板难以融到资金，还接受较主板和创业板更严格的监管。例如，上海新发展酒店管理股份有限公司于 2016 年 6 月 24 日挂牌新三板，是一家古典园林式风格的酒店，主要提供餐饮、住宿等酒店配套服务，定位于古典园林式风格酒店。为了配合公司业务发展需要及在资本市场的长期战略发展规划，公司于 2018 年 7 月 23 日审议通过了《关于申请公司股票在全国中小企业股份转让系统终止挂牌的议案》。2018 年 8 月 16 日，向全国中小企业股份转让系统（简称“新三板”）报送了终止挂牌的申请材料，经初步审查，新三板认为符合要求，并受理了终止挂牌的议案。

除了前面提到的融资手段，众筹正成为越来越多的住宿企业的选择。随着消费的不断升级以及共享经济的崛起，民宿站在了旅游业创新升级发展的风口，各路资本争相涌入。开始吧、多彩投、众筹网、京东众筹等多家平台布局民宿众筹项目。从目前市场上的众筹项目来看，众筹金额参差不齐，但无论大小项目，都吸引着很多共建人参与，因为除了分红外，还能免费获得入住、旅游、聚会活动甚至股权等权益。

号称非标生活众筹平台的开始吧，主要切入的行业有非标住宿、个性化创意餐饮、新城市休闲空间等。不同于目前市场上的 P2P 金融平台，开始吧的风控体系一共有三层，合规风控、财务性风控和业务风控。具体的实现方式例如线上银行存管系统，实现平台与资金隔离，不设资金池；接入第三方项目管理公司来为用户提供一站式投后服务；设立客服、投后团队优化投资人体验等。公司致力于打造众筹消费投资全环节的公开透明体系，进一步推动众筹行业的自律与规范；成立的信息披露中心将聚焦在投后管理环节，数据维度包括项目的财务信息、运营数据、项目状态等。开始吧认为自己不是一个工具平台而是内容平台，是解决我和你不一样的问题。大家为什么会选择众筹，是因为现在整个消费商业底层逻辑已经逐渐发生迭代和更新，开始吧希望能够为民宿投资者提供优质金融解决方案，并且涵盖行业上下游金融业务，包括内容生产、品牌营销、行业培训、社群运营等。

三、提升人力资源质量与发挥企业家作用

人力资源、技术和文化创意是推动住宿业高质量发展的创新要素。比较优势正在发生着深刻转换，传统的劳动力数量优势、低成本优势正在快速丧失，人口红利逐渐消失，下一步是挖掘人力资源的潜力，提升人力资源的质量。

鉴于住宿行业的薪酬水平排位非常靠后，加之社会上对酒店和餐饮服务行业的认知问题，导致住宿和餐饮行业人力资源流失严重，招聘困难。下一步需要改变社会上对住宿行业工作性质的认识，并不断提升住宿业薪酬水平，吸引并留住员工。欧美普遍实行的小费制度也可以考虑在中国适时引进。在住宿业人力资源来源方面，需进一步拓展人力资源来源的空间，如中老年人在住宿业就业，吸引其他行业人力进入住宿业。未来酒店会像欧美那样，酒店里不再是清一色年轻的少男少女，会有中老年人在就业，这需要对薪酬水平有很大的提升。

住宿企业的工作岗位也不能总是一成不变，除了酒店设计师、酒店发展经理、业主代表等，要创设新的职业，如酒店资产管理人、品牌资产管理人、酒店品牌架构师等，从运营管理和资产管理两方面，使酒店价值最大化。

未来，解决住宿业人力资源短缺的路径之一，是加大智能机器人技术在住宿行业的应用。《AI · 未来》一书提出，人工智能既会产生赢家，也会产生输家，这取决于具体工作内容。尽管人工智能可以在基于数据优化的少数工作中远胜人类，但它无法自然地与人类互动，肢体动作也不像人类那么灵巧，更做不到创意地跨领域思考或其他一些需要复杂策略的工作。并购专家、市场公关总监、酒店设计师之类的职位处于“创意或决策型”和“强社交”的“安全区”，在可预见的未来中不太可能被自动化。高级酒店接待、酒吧招待、餐厅餐饮服务、婚礼策划师等处于“结合区”中，大部分计算和体力性质的工作已经可以由机器完成，但关键的社交互动部分使它们难以完全自动化。所以，最可能产生的结果就是幕后优化工作由机器完

成，但仍需要人类员工来做客户的社交接口，人类和机器形成共生关系。这些工作消失的速度和比例取决于公司改造员工工作内容的灵活程度，以及客户对于与计算机互动心态的开放程度。而保安等处于“慢变区”，未来也会部分消失，因为摄像头的监控，加上一些机器人巡视，已经不需要保安了。“慢变区”工作不依赖于人类的社交技能，而依赖灵活和巧妙的手工、创造性，或适应非结构化环境的能力。这些仍是人工智能的短板。由于不断发展的技术会在未来几年中慢慢提升这些短板，所以此象限中工作消失的速度，更多地取决于人工智能能力的实际扩展。餐厅后厨、洗碗工、电话销售、简单翻译等位于“危险区”，未来几年面临着被取代的高风险。

在人力资源要素方面，要注重企业家的作用，特别是要为民营企业家营造更好的发展环境。《中共中央 国务院关于营造企业家健康成长环境 弘扬优秀企业家精神更好发挥企业家作用的意见》（中发〔2017〕25 号），强调要弘扬企业家精神和工匠精神，要营造依法保护企业家合法权益的法制环境，促进企业家公平竞争、诚信经营的市场环境，尊重和激励企业家干事创业的社会氛围。无论对国有企业还是民营企业而言，都需要大力弘扬企业家精神，加强对企业家的优质高效务实服务，加强对优秀企业家的培育，加强党对企业家队伍建设的引导，更好地发挥企业家在经济社会发展中的作用。现代的企业家既要有创造性精神，要有颠覆性，敢于挑战现有权威，为人类更多地进行技术创新、管理创新、模式创新，还要有强烈的责任感，这也是企业家精神不可或缺的。

四、新技术赋能住宿业升级

越来越多的新技术会应用到旅游和酒店行业。以前主要运用互联网 / 移动互联网、环保技术，现在虚拟现实 / 增强现实技术、大数据、生物识别技术、物联网、模块化建筑技术、区块链技术、大健康技术等也开始得到运用，新技术在住宿业的应用可以催生新的商业模式，促进产业效率提升，提高体验效果。大数据技术在酒店选址、电子合同、电子发票、大数据营销、推广、定价、销售、产品设计等方面也有广泛应用。云 PMS 系统、ERP 系统、OA 系统的不断升级，也在助力酒店集团提升运营管理效率。其中特别需要关注的是睡眠技术在住宿业的应用价值以及区块链技术可能构建新的旅游经济体系。未来住宿业更多会是通过技术的应用来提升全要素生产率。当然，如果酒店高科技的客房反而让客人疲于应对，那还不如配备让人熟悉的家用设备，打造让人自在的低科技酒店客房。

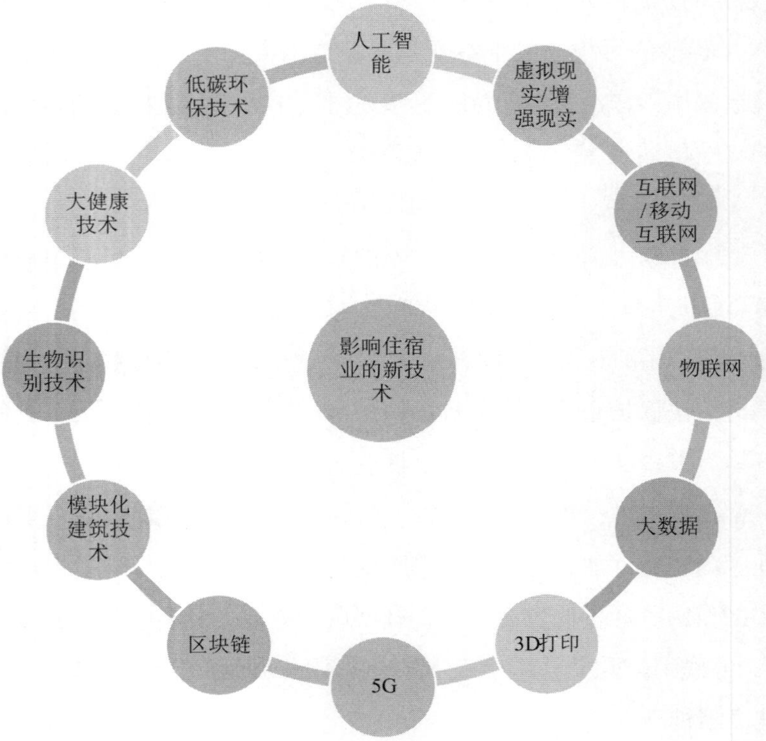

图 2–3　影响住宿业发展的新技术

1. 智能化技术

智能酒店以现代科技为指引，提供智能化管理、智能化营销和智能化服务，以实现酒店资源与社会资源共享与有效利用的管理变革，实现精细化管理和差异化经营，帮助酒店达成开源、节流、增效的目的，助力整个酒店行业实现产业升级。智能化酒店还能吸引更多年轻顾客，特别是已成为商旅主要消费群体的 80 后和 90 后，提升品牌价值，使酒店业主抓住年轻人消费升级的重要机遇。

酒店智能科技应用阶段：第一阶段是物联的对接，改善客人体验；第二阶段是增效节能；第三阶段是能够用营销创造更大的价值。智能技术应用于酒店，不应该只在单一的小场景实现，而应该是整体的、多层次多环节的改革。

在提供智能技术服务时，产品的可兼容性和可拓展性是智能技术产品需要解答的问题。大数据与人工智能等技术的成熟，将为酒店智能化发展提供强有力的技术保障，为产业的提质升级注入新活力。产品的安全性和人性化体验也是酒店考虑的关键因素。以智能卫浴产品来说，产品功能的多样性将细分出更多领域，比如智能卫浴和智能马桶，还有按摩、雾化以及针对人体做一些健康测试的功能有待开发。

酒店在设计、设施、服务等方面不断尝试和创新，而数据、内容和技术的整合也需要跟上变革的步伐，才能真正做到以客户为中心。利用 RFID 技术、IP 跟踪、传感器以及信标技术将有助收集酒店客人必要的实时和现场数据，进而推动个性化服务和体验的发展。如果酒店客人通过扫描二维码阅读一本书，就意味着酒店可以获悉客人的阅读偏好数据，酒店借此可以更好地服务客人，比如通过自助设备、机器人或者酒店员工互动，让顾客获得良好的体验。如果客人通过任何接触点向酒店分享了自己的阅读偏好，酒店就能够围绕客人的爱好，提供相应的打包服务。

一些酒店集团正在尝试让 PMS 系统支持用户在手机上进行各项操作，包括入住、退房、支付房费及其他费用服务、选房、联系客房服务以及智能开门等，这样就能通过移动设备管理自己在酒店的入住体验。华住酒店集团推出了一款成熟的手机应用，方便客户进行预订、选房和支付等，还通过多种方式为酒店员工提供支持，其中包括具备核对实时库存及收益管理等功能的云端华住酒店管理系统（H-PMS），该系统帮助酒店工作人员通过移动应用对酒店进行管理。

阿里巴巴 A.I.Labs 出品的“天猫精灵”可以实现酒店刷脸入住、信用消费、免押金，通过语音助手调节室温、开灯关灯、选择电视节目、点餐、买机票。洲际集团也与百度达成了合作伙伴关系，计划将新的 AI 技术集成到洲际旗下酒店的客房以及整个酒店的旅程中，该 AI 酒店解决方案包括智能客房氛围设置、智能搜索引擎和娱乐以及智能酒店服务。

人工智能为旅客提供个性化体验。市场营销人员一直在寻求各种方法为消费者提供更多的信息价值，人工智能对行为分析的能力可能会推动酒店与消费者之间的良性互动。Best Western 酒店集团最近与 IBM 人工智能程序 Watson 合作推出了一款新的人工智能广告，为旅客提供个性化的度假方案，其中包括旅行小贴士和技巧，根据旅行偏好的住宿推荐。消费者可通过分享自己的旅行计划信息，参与这个广告活动。这项人工智能广告将提供针对性的建议，帮助消费者充分利用假期，在北美地区 Best Western 酒店获得良好的客户体验。消费者可以预订房间，通过 360 度全景虚拟体验，了解酒店的奖励计划和相关设施。这个广告目前可在 IBM 旗下的 The Weather Channel 应用和 weather.com 上使用。通过 Watson 程序，IBM 从 Best Western 以及其他酒店获得了更多关于旅游行业的数据，包括旅游线路、不同目的地及停车场信息等。Best Western 的目标受众包括商务旅客、休闲游客和城市千禧一代消费者，通过此次合作，该酒店集团也将收集到更多消费者数据，包括用户提问内容、兴趣方向、目的地选择等。Best Western 还计划在未来两周推出新的聊天机器人，更好地服务忠诚度客户。

旅悦集团的大管家智慧管理体系，相当于一个“酒店经营一体化管理系统”，涵盖了酒店选址、酒店筹建、酒店运营、酒店成本控制等环节。它能够对症解决酒店服务人员专业程度低、管理流程不完善、数据采集缺失等问题，经营数据可以精确到每天、每间房。并且直连 OTA 数据，能够监控到市场环境、酒店经营、房态房价、外网点评等核心数据。旅悦集团的花筑旅行是一个“一站式旅行平台”，涵盖酒店预订、客房主题定制、会员权益、旅图轻游记、目的地攻略、门店故事等服务功能。基于会员服务，去连接更多的供应商，比如，和定制游平台、票务平台、伴手礼品牌等合作，为其提供更为精准的销售渠道。它围绕旗下的酒店业务，辐射酒店住宿行业上、下游产业链，连接旅行目的地周边的景区服务，计划涵盖包括定制游、旅行攻略、票务、电商等在内的“食、住、行、游、购、娱”业务链条。实现从景区酒店业务，向旅行全产业链扩张的功能，做旅行住宿范畴中的资源整合平台。

在实际运营过程中，工程系统的维护成本将对酒店客房费用造成一定影响。先进的系统往往意味着高昂的维护费用，例如，仅管理系统运营费就需要 10 余万元，如果再加上楼宇设备自控系统（简称 BA 系统），那维护成本将更高。要是酒店的平均房价过低，酒店的收入或收益根本支撑不了智能系统运行成本和维持成本，而增加客房收费又是关乎客人切身利益的问题，如何平衡两者的关系，是酒店前期筹建需要考虑的问题。

因此，对于智能化的投资运用，酒店应该把握好投资回报比和客户需求两大原则。酒店在大手笔投入智能化建设时，应该综合考虑投入和产出之间的比例，实现效益最大化。同时，切记智能化的产品是以让客人舒适和方便为导向。在推动智能技术的落地中，设计和实际技术之间的差异协调，是酒店业主投资运营需要考虑的另一个问题。以电子门锁为例，酒店要考虑关于这个模块使用有特定的标准，其中包含考虑客人刷指纹入住时可能会出现的问题以及客户信息隐私安全，门锁是否与相关系统匹配，是否能兼容其他系统等。

2. 生物识别技术

通过人脸识别、声纹识别、活体检测等生物识别技术进行账号安全保护，身份信息安全保护，将成为新趋势。以阿里巴巴实人认证为核心的酒店入住核身技术，赋能了飞猪未来酒店信用住，当用户入住酒店时，只要在一台机器上刷身份证，接着刷脸就能办理完入住手续，拿到房卡。这不仅落实了公安部的“实名、实数、实情、实时”四实登记要求，还降低了酒店的人工成本。

通过声纹识别技术，则可有效降低身份信息被泄露的风险。每个人都具有独一无二的声纹，这是由发声器官在成长过程中逐渐形成的特征。无论一个人模仿另一人说话有多么相似，实际都具有显著区别，模仿的攻击也将很难奏效。与指纹、掌形、人脸、视网膜等生物识别技术相比，声纹识别不仅具有高易用性、高准确率和高用户接受度的特征，而且成本最低，它还支持远程认证、手机采集等便民的特征。声纹识别技术目前已广泛应用于阿里系平台的用户身份核验。如修改密码只需打开手淘 APP 对着麦克风说话，就能用声音保护密码，不需担心账号被盗、密码被改。

生物识别技术可以用于洞察消费者需求。雅高酒店集团忠诚度计划 Le Club AccorHotels 推出了名为 Seeker 的生物识别技术项目，旨在深入了解客人对旅游体验的期望。Seeker 项目通过测量生物特征、分析旅客行为以了解其真正的需求并相应地定制体验。消费者只需要完成 Seeker 项目网站上的一个测试就可以获得一些选择，从而深入发掘自身喜好。他们需要从一系列图片中选择是或否；同时，该项目还允许用户选择使用网络摄像头。在启动 Seeker 项目之前，雅高酒店召集了智囊团专家共同测试，通过监测运动轨迹、评估逗留时间等因素发现客人期望的体验，例如宁静或冒险、乡村或现代、家庭出行或情侣出行等。测试者都佩戴了 Muse EEG 耳机和 Empatica E4 手环，利用专门开发的应用程序测量脑电波活动、心率和皮肤反应等数据。通过算法，测试者的感官反应会和六个关键的心理、个性、目的地和风格指标进行匹配，包括城市与乡村、冒险与放松、情侣与家庭、乡村与现代、热与冷、外向与内向。最终，参与测试者会收到一份独一无二的视觉心理图和旅行档案，以及相应的目的地推荐。该平台已通过 Seeker 网站向所有用户开放。在线参与者都会收到专属的心理记录、旅行档案和目的地建议。TUI 和伦敦情绪智能公司 Realeyes 共同开发了原型人脸识别机 Destination U，在线下零售店中利用内置屏幕和耳机的躺椅激发消费者的旅行灵感，记录用户的情绪反应。

3. 大健康科技

健康需求成为高端酒店客人不可或缺的新型奢侈品。不少酒店集团对投资健康领域很感兴趣，健身中心、水疗服务、营养膳食等，希尔顿酒店还推出了自带室内健身中心的客房。凯悦酒店集团收购的 Exhale，以“为你在每天生活的城市提供健康服务”的理念闻名，提供精品健身课程和水疗服务，希望把服务范围扩展到客户度假旅行的地方。凯悦将 Miraval 描述为“为特定目的的消费者提供度假目的地的健康服务”，“而 Exhale 更多的是提供每日健康需求”。凯悦集团可能会把 Exhale 与公司收购的高端房屋分享平台 Oasis 整合在一起。在某些地区，客户可在他们从 Oasis 租赁的房子周围享受 Exhale 健身课程和会员服务。

清迈帕瓦那度假酒店号称拥有业界领先的排毒、瑜伽、冥想、养疗等项目，追求健康、有机、自然的理念。排毒是酒店最大的特色服务项目，酒店的排毒中心（Detox Center）被评为世界排名前十位的排毒中心，由具有国际水准的专业医生坐镇，医生会先为客人提供科学、严谨的前期咨询服务，然后再根据客人的体质情况制订出相应的排毒方案。方案主要分为两类，一类是每日定时定量服用特制的排毒饮品、蔬果汁；另一类是除服用排毒饮品、蔬果汁之外，还有大肠水疗排毒项目（灌肠排毒），这里灌肠用的不是任何药物制剂，而是用泰国北部产的咖啡豆煮出的新鲜咖啡。两种方案所配备的饮品、蔬果汁并不是完全一样的，至于自己适合采用哪种方案排毒，还是需要根据个人体质而定，比如：孕妇、哺乳期的女性、严重偏瘦、生理期等人士就不适合做灌肠排毒，所以就需要选择第一类排毒方案。

睡眠科技是大健康技术中最受关注的一环。现代社会人们的睡眠时间和质量下降，不少高睡眠科技产品在尝试帮助酒店让客人能睡一个好觉。维也纳酒店集团近年聚焦“深睡眠，大健康”核心价值理念，旗下成立了好眠科技公司，致力于为顾客打造“五感睡眠空间”。维也纳本着“帮客人找回好睡眠”的愿景，希望以高科技手段与产品结合，打造舒适助眠床品系统。公司推出了“愉梦之床”、好眠枕等产品。慕思健康睡眠酒店以“健康睡眠”为主题，酒店设计无论是从内部装修还是服务等，都是密切围绕睡眠主题开展，房间配备了慕思旗下不同风格系列的寝具，适合不同人群的健康睡眠模式。在办理入住时即可根据不同客人身高、体重、身体曲度及睡眠习惯，安排不同的房间及寝具。房间还配备了睡眠香薰、睡眠音乐、智能按摩椅、按摩浴缸等先进设施，获得健康睡眠新体验。其中，慕思健康睡眠体验中心，可以体验和享受到专业的“智能化健康睡眠测试系统”，量身定制健康睡眠系统，实现科技改善睡眠。体验中心内有改善睡眠的催眠房及专业的睡眠理疗师，为失眠的客人找回最健康最舒适的睡眠状态，体验私人量身定制深度睡眠。

4. 模块化建筑技术

建筑是改革的下一个前沿，模块化是领先的方式。建筑模块化技术在酒店建造中的应用，既可以节省建造时间，提高效率和降低成本，也避免对环境造成污染。为了保持项目的进展，万豪国际正转向一个新的商业战略——模块化酒店。万豪酒店与总部设在博伊西的 Guerdo 合作，Guerd 预先制作了设备齐全的客房，包括床、书桌和厕所，并将这些单位运送到福尔松进行最后的酒店组装，施工人员完成了收尾工作，包括安装电气和管道。由于模块化酒店需要的建设时间较短，从开始到结束，酒店的建设最终可能会削减至六个月，而过去完成类似工程所需的时间为平均 20 个月。随着模块化建设在酒店行业被接受并逐渐流行起来，成本也会随着时间的推移而下降。

PPVC 是模块化建筑技术，是建筑工业化的高端产品，具备自身高度的完整性。PPVC 技术的使用使得建造不需要传统建筑的“附属设施”，也不影响周围的交通，更是对环境的最友好的态度。产品从结构到水机电到内装，包括外幕墙，都在工厂完成。新加坡樟宜机场皇冠假日酒店扩建二期工程，是新加坡本地首个使用 PPVC

技术搭建起来的五星级酒店。

斯维登集团旗下途远品牌，是国内低层装配式建筑供应商，主要业务横跨装配式建筑市场、乡村旅游度假市场和乡村自建房三大市场。装配式建筑，“这种产品可以合理地利用好土地资源，而且十分环保，对土地的破坏率最小。推出的旅游度假定制的产品，采用 BPC 装配式混凝土墙体结构、模块化墙面拼装体系、人性化凹槽管线分布，占地 49.9 平方米，建筑面积 59 平方米，建筑主体仅用 4 小时即可搭建完成。外形简约大气，落地窗视野开阔，还有创意十足的 LOFT 布局，外饰采用金属材质，易于打理；其次，安全性能高，集防火、抗台风、抗震等多项技术特性于一身；最后，内墙有保温隔热材料，节约能源 75%，房屋主体 BPC 构件可重复利用，且别墅的价格也十分亲民。

“钢结构模块化酒店”概念使绿色环保、可持续利用的酒店成为现实。钢结构模块化建筑技术使得建筑垃圾显著减少，可持续、重复利用，工厂化程度高，建设效率显著提高。运到工地的不是零散的钢筋、混凝土、保温板，而是一块块的墙板、楼梯等“零件”，工人在机械的配合下把这些“零件”快速组装成一栋栋建筑。钢结构集装箱酒店的可移动优势，则可以将这个场景切换成深山、沙漠、雪原等不同环境中。这是一种“环境体验式酒店”的新兴领域，将成为酒店产业中一种全新的细分市场。同时，这也是消费者梦寐以求的闲时度假方式的终极形态。钢结构模块化的集装箱酒店集“多用途、可移动、可循环使用”的复合型优势于一身，让“组装酒店、移动酒店”成为现实。

5. 低碳环保技术

环保节能的新技术涉及设备的技术、工程安装的技术、设计技术和运营技术四个方面。上海艾本精品酒店倡导碳中和的理念，酒店由工厂仓库改造而成。室内装修采用的是当地材料、回收的老房子砖头和木材以及由古董行李箱堆砌而成的背景墙。在酒店前台还能算出自己旅行所产生的碳足迹，并通过植树的方式进行碳中和。北京怡亨酒店的环保理念延伸到每个角落，通透的玻璃幕墙及钢架结构，结合顶部的节能环保罩，在内部实现独立的微气候环境，并在高效节水的同时为北京严寒的冬天和炎热的夏天创造了一个四季如春的舒适环境。苏州科技城源宿酒店 8 字形设计使主要区域的 90% 面积有自然采光，整个室内天然采光最大化。屋顶绿化面积比 3 个篮球场还要大。房间以过滤直饮水系统代替瓶装用水，地毯都是可回收材料制成。天津京蓟圣光万豪酒店细微之处体现环保低碳，大堂的旋转门内安装了发电机，进出时都可以将这部分动能转化为电能，并为门顶上的低能 LED 灯供电；在健身房，使用一部器械运动 30 分钟所产生的电能，足够一部手机使用一天。

洲际酒店集团实施 IHG Green Engage 绿色环保参与计划，为酒店提供行之有效的方法以衡量并管理日常运营对环境产生的影响。洲际绿色参与计划可以在酒店生命周期的每一个阶段管理环境影响。该计划紧密跟踪酒店对能源、碳、水的使用情况、废物管理及相关成本。酒店可以从精心设计的 200 多种“绿色环保解决方案”中进行选择，从而帮助酒店降低能耗、节约用水、减少废物，并改善日常运营对环境的影响。这套系统帮助酒店履行负责任企业的重要承诺，同时帮助酒店削减能源损耗造成的经济损失。

表 2-1　洲际酒店集团负责任的酒店案例

区位	创新点举例					
酒店外部	节水：用当地植物进行风景绿化	降低碳排放：使用太阳能	改善酒店的热力绩效：屋顶绿化设计	降低对饮用水的需求：雨水回用系统	帮助降低环境影响：选择绿色交通	减少现场施工：模块建筑
酒店前台接待处	节省能源和资源：使用可回收材料	为顾客和员工改善空气质量：使用低排放的涂料	减少对环境的影响：采用天然材料铺地和设计座椅	展示该地区的文化和遗产：融入当地艺术		
酒店客房	节省能源使用：使用节能设备	改善能源使用和舒适度：客房控制系统	改进顾客舒适度：自然通风	节水：床上用品洗涤项目		
酒店浴室	节省水的使用：低流量淋浴喷头	防止水污染：虹吸式坐便器	节省水和能源使用：毛巾循环使用项目	减少包装材料和垃圾：沐浴液分发器		
酒店会议室	促进可持续性：绿色会议项目	帮助减少环境影响：废物循环利用	节能：减少纸质会议	减少垃圾：用玻璃和瓷器		
酒店后台	支持社区：使用当地供应商	帮助员工使得酒店更绿色：绿色培训	帮助酒店更加可持续：绿色能源	创造当地经济机会：IHG 管理学院		

五、文化创意提升住宿业附加值

《趋势投资 50 年》一书中提出："未来的经济也将是讲故事的经济。" 这里的讲故事就是指文化创意和 IP 打造。在文化创意要素方面，文化创意和 IP 对于精品酒店、主题酒店、精品民宿等住宿业态的重要性无论如何强调都不过分。从酒店的建筑设计、室内设计到产品设计，文化创意的应用都将提升其吸引力，增加其附加价值。

现在，很多酒店都在讲故事，例如精品酒店，都在讲述文化、历史、艺术、创始人、设计师等故事，精品民宿也在讲情怀、生活方式、房东的故事，旅游小镇、历史文化街区、田园综合体也无不是都在挖掘当地文化和民俗，讲述属于自己的动听故事。同样一家酒店，如果有了背后的故事，价值会大幅提升。

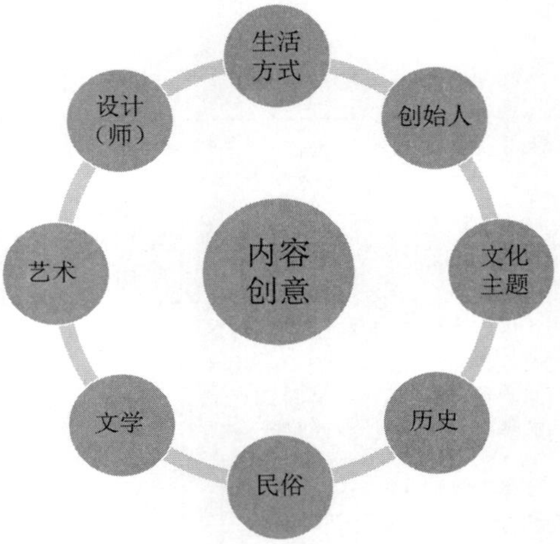

图 2-4　酒店内容创意来源

对于旅行者来说，如今的住宿已不只是单纯地选择一家过夜的酒店，时尚偏好以及社交因素也纳入了消费者的考虑范围。酒店正通过优化设计、内容、技术、数据和服务，推陈出新，实现成功转型。例如如果喜欢阅读，可以尝试入住配有书店的全季酒店。

未来的酒店空间不再是一个个割裂开的功能型空间，而是集一个消费者生活环境需求的综合体。在消费升级之下，IP 产品唯有呈现出高品质、高性价比、高体验感、高参与度和高科技感，才能营造出更多的未来发展机会。酒店集团做 IP 的目的不同，有的是为了打造品牌效应，有的是为了增加酒店的空间价值。

首旅如家酒店集团提出，酒店做 IP 客房要实现真正的差异性，要用品牌故事串联起一条主线，定制活动、游戏、相关课程。酒店本身比较封闭，之前一般只针对其自有客群。而首旅如家做 IP 的目的是让酒店周边社区和线上兴趣社群以及合作方的客人互动起来，让他们也可以在酒店设置的 IP 场景中找到满足感。首旅如家旗下中端品牌 Yunik 结合 VR 等新科技，打造了有别于标准化酒店大堂的娱乐设施及社交空间，希望提供更为优质的用户体验。首旅如家正在建立由一群有活力、有耐心、有责任心的年轻人组成的“娱乐大使”团队，可以为客人提供互动体验式服务，就是带着客人发掘酒店所打造的 IP 空间中好玩有趣的产品，而这里所指的客人不只是住店的客人，还包括专门来“玩”的客人。

漫趣乐园酒店是首旅如家与奥飞娱乐跨界合作、融入动漫 IP 打造的沉浸式亲子度假互动空间。漫趣乐园酒店是将原有一家莫泰酒店的四分之一客房和整个公共区域进行改造而来的，落地在漫趣乐园的“漫空间”产品，就像一个灵活的功能模块，可以输出、嫁接到其他的空间场景中。漫趣乐园植入 IP 后，让酒店的主题特色性更为突出，原有的客房具备了溢价空间，客单价随之上升。这是一个健康 IP 给酒店带来的价值。另外，原有的这家酒店的目标客群以商旅客人为主，漫趣乐园为酒店补充了亲子这一新客源。因此，导入新流量，提升酒店整体收益也是 IP 的价值所在。再次，IP 有衍生商品，为酒店原有的收入格局带来变化，原来可能主要是客房 + 餐饮，如今，在 IP 所呈现的空间里的体验性收费项目也会带来盈利。漫趣乐园酒店开业一年来，其 RevPAR 已经比原先提升了 2~3 倍，非客房收益提升了数倍。

首旅如家也正在规划奥特莱斯式的主题空间，通过相关主题房的布局，满足家长购物、孩子托管的需求，由此拉长用户的行程时间，打造奥莱购物式的城市周边度假场景。首旅如家不仅关注到了亲子市场，面向青年用户的衍生产品——漫次元也在筹备中，未来将接入优质日本动漫等潮流文化 IP，打造都市酒店空间场景。

亚朵酒店的 IP 化尝试。今年 4 月初，网易云音乐酒店开业，在此之前，亚朵就曾先后和网易严选、网易漫画、腾讯 QQ 会员、知乎、果壳、日食记、差评等多家线上 IP 合作，用 IP+ 酒店的模式。目前亚朵已与十余家 IP 方达成合作，其中不乏吴晓波、知乎、同道大叔等流量大咖。

智选假日品牌拥有“小智”的卡通形象，智选假日酒店在酒店内已经陆续上线并售卖以其安全卫士“小智”为原型设计的系列周边商品。同时，公司还会把它做成一个酒店的设施的一部分去和客人游戏互动，让大家想到小智的时候就会想到酒店品牌。

华强酒店管理公司构建了 18 种风格的艺术客房，客房艺术风格完全源自与公司合作的 10 位艺术家本身的创意，从“归隐”“遐想”到“漠北流沙”，从“青花”“竹闲”到“月下民谣”，18 种风格的主题房间，增添了消费者情调各异的非凡艺术体验。他们认为，酒店设计如果忽视用户体验，即使整个酒店贴满进口石材、金箔，也注定是一个失败的作品，更遑论艺术性。

灵魂和内涵是酒店空间设计艺术属性孵化的关键，设计师要静下心来精心打磨创新作品。骆丹国际酒店设计公司认为，酒店设计就像一个剧本的构思，其间的感官体验、多元艺术形态呈现等则是这个大剧本体系下的要素，不同的个体所讲述的剧本故事是迥异的，只有处理好剧本里各个因素的关系，如文创产品、家具摆设等，才能在新艺术空间里面呈现不一样的效果。

当然，实用性也是酒店打造空间艺术性必须衡量的重要因素。真正的大师可以控制实体比例和空间构造，同时兼顾艺术品在空间所起的作用，华而不实的摆设只会增加酒店运营和维护的成本，并不会带来更大的附加值。

第三章

产业升级：消费升级引领产业升级

要从供需两端入手促进住宿消费和产业升级，一方面是从需求端增加财富效应，提升消费能力；另一方面从供给端发挥进步效应，用技术来促进住宿业供给侧改革。

一、住宿消费水平变化：升级与分级

“美好生活需要”是“物质文化需要”的升级版，是人民需要内涵的丰富和层次的提升，表明人民的需要呈现多样化多层次多方面的特点。居民消费整体已经呈现出从注重量的满足向追求质的提升转变，消费结构升级的步伐只会加快，不会停下来，这是发展的大势。

1. 旅游消费的二元结构

消费者都具有多样化的消费诉求与表达，其消费标的既有代表身份的奢侈品，也有代表实惠耐用的低价商品。国旅游消费存在二元结构，观光与度假、低端与高端消费始终并存，但总体而言旅游消费是不断升级的。旅游住宿消费也是类似，总体呈现升级趋势，但从结构来看会出现一个分化。中端酒店、精品酒店、主题酒店、设计师酒店、精品民宿等占比明显上升。

表 3–1　观光与度假并存

单位：%

城镇居民游览目的	观光游览	度假/休闲	商务/出差	探亲访友	农村居民游览目的	观光游览	度假/休闲	商务/出差	探亲访友
2009	28.9	23.4	3.5	35.9	2009	8.4	4.8	4.2	66.1
2010	32.9	25	3.6	31	2010	12.2	6	5.4	60.9
2011	29.5	23.7	15.2	28.9	2011	18.5	15.6	15.6	42.4
2015	13.9	48.3	8.1	27.2	2015	6.4	36.4	12.9	31.8
2016	29.5	30.1	12.6	22.1	2016	21.8	20.7	18.1	29.3

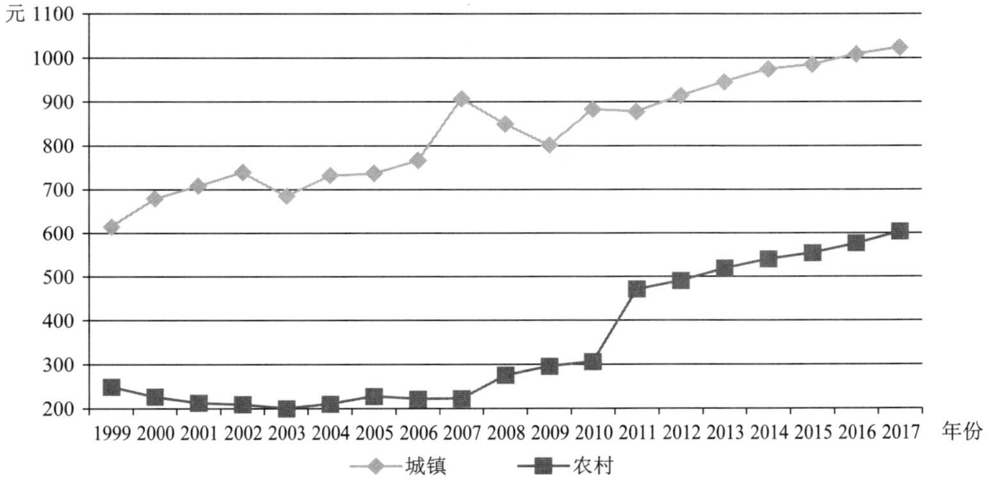

图 3–1　城镇人与农村人旅游消费水平

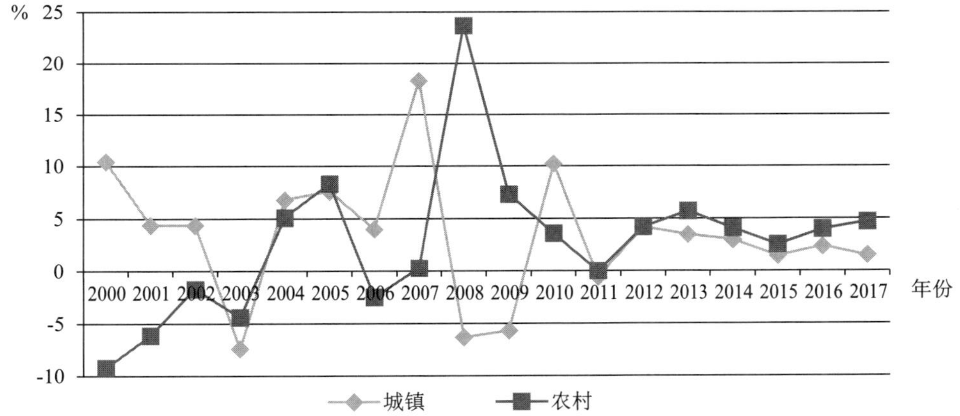

图 3–2　城镇人与农村人旅游消费水平增速

2. 住宿消费升级、降级与分级

消费存在升级、降级与分级几种状态。所谓“消费升级”，是指国民整体消费方式从中低端转向中高端、消费内容从物质转向精神、消费手段从数量转向质量。因此，衡量消费是升级还是降级最终要看整体消费结构的变化。消费升级的本质在于消费总福利的提升。居民收入引致的“财富效应”和科技发展引致的“进步效应”是消费升级的根本机制。

住宿消费的总体趋势是不断升级。消费升级在住宿领域的表现是“向上趋优，向下好省”。向上趋优，需要创造更好的体验和功能；向下好省，需要在同等的体验和功能下，提高生产效率，从而提供更低的价格、更高的性价比。物美价廉的商品受到青睐，实质也可能是消费理念提升的表现，消费决定变得更加冷静实惠了。依据消费棘轮效应，人的消费一旦习惯之后是不可逆的，至少短期内很难可逆，习惯效应非常大，目前所谓的消费降级在住宿行业不太成立。例如，近年来民宿非常受欢迎，这是游客消费多元化和个性化的一种体现。即使是经济型酒店，对于农村和经济收入较低的人员来说，从以前住小招待所甚至地下室到能住上经济型酒店，也是一种消费升级。

住宿消费在升级的同时，也存在分级现象。住宿市场呈现区块化、圈层化，形成一个多维度市场。在这个全新的逻辑里，商品本身到底是什么可能并不是最主要的，成本到底占多少比例也不重要，怎么让人心动很重要，怎么满足情绪诉求很重要，怎么满足身份认同很重要。这也是目前民宿和主题酒店受欢迎的重要原因之一。

二、住宿消费升级的因素：用户心智和主体变迁

消费是一个慢变量，消费的变化，不仅受经济因素影响，也受社会、心理、文化等多重因素影响。因此，消费升级的驱动因素包括消费能力的提升、消费群体的壮大、消费模式的改变、对新生活方式的追求等，其中有两个很关键，一个是消费观念的更新，另一个是消费主体的变迁。

1. 消费观念变化

消费力不应当只看可支配收入的变化，而更应重视消费观念的变化。因为可支配收入的改变可能是线性和即时性的，而消费观念则是长期影响因素。在消费观念上，有两类表现很凸显，一类是花最合理的价钱，买最合适的商品，理性地消费，过更聪明的生活，这已经成为当下大多数中国人的消费观念；另一类消费者是更加追求品质和个性化。

从整体来看，其实并没有所谓的消费降级，消费一直处于升级的状态。在这个

过程中由于物质生活水平的整体提升，品类及细分领域也随之不断升级。对于消费者而言，随着消费经验逐渐丰富，消费结果的满足感提升，在物质生活品质提升的同时，消费心态也更为淡定和成熟。

如果把消费升级分成三层面：最上层面是消费升级，也就是用户花钱的动作。在上层面之下有两层次，最底层是认知升级，中间是观念升级。未来产品设计、业态升级和消费行为改变需从下面两个层级去做文章，更多地影响用户心智和改变用户的观念。

我们在探寻住宿消费观念变化的同时，也应关注那些相对稳定、较长时间不变的因素，以防忽视了那些住宿业最根本的要素，例如服务品质。亚马逊创始人贝佐斯就提出要"押注永恒不变的东西"，他说，"很多人去问十年后什么会变，却很少有人去问十年后什么还不会变。亚马逊恰恰就是去找不变的东西。比如人们对于低价、高质量、快速送达、品类丰富……这些东西的追求永远不会变的，那么我们尽量去满足，企业就会很有价值"。

2. 消费主体变迁

在消费主体上，从收入水平上看，中产阶级是需要关注的一个群体。瑞信在《2017 全球财富报告》中，将中产阶级定义为财富介乎 1 万 ~10 万美元的人群。按此标准，全球 2017 年中产阶级人数达到 11 亿，而中国就占到 35%，达 3.85 亿。这个数据带给我们充分的想象空间，国内日益蓬勃的消费需求正等待着更多更好的产品和服务去满足。

从年龄代际角度看，千禧一代因其消费能力强，已成为消费的主力。根据皮尤研究中心（Pew Research Center）的定义，（Millennials）指的是 1981—1996 年出生的人。也有研究机构提出"千禧一代"是指 1983—2000 年出生，即 20 世纪时未成年，跨入 21 世纪以后达到成年年龄的一代人。中国虽然此前实行独生子女政策，但千禧一代人口多达 3.51 亿，不但是美国千禧人口的 5 倍，甚至超过整个美国人口。全球消费行业迎来"千禧一代"，读懂"千禧一代"是这个移动互联网时代的必修课。拥抱"千禧一代"，就是拥抱商业未来。

在中国，千禧一代是一个特殊的群体，他们出生和生长在中国经济和财富快速发展的时期，没有经历一个物质极其贫乏的年代，没有饥饿感。他们是互联网原住民，不仅习惯了通过网络交流，购物也基本在网上。他们的消费信奉本土、原创、有机和手工制品，只要是能让他们有感觉、产生信任的，就是好的。在品牌信任方面，他们想要的是小众品牌、本土品牌，他们不怕挑战权威。千禧一代"没有饥饿感"，他们的消费需求更加凸显个人偏好，他们更加信任本土、原创、小众的品牌，因此他们关注的不是有没有的问题，也不是更贵的住宿产品，而是有"分别心"的住宿产品。

Expedia Media Solutions：澳大利亚 Z 世代和中国千禧一代最爱旅行，他们每年旅游天数超过 35 天。Global Blue 等研究认为：千禧一代正在影响全球的目的地旅行。他们帮助恢复了城市旅行的活力，因为城市环境满足了他们对假期的期望。千禧一代对"影响他们的旅游目的地和习惯"的安全威胁非常敏感。CarlsonWagonlit 的研究显示 29% 的千禧一代的商务游客因为安全问题取消了旅行，而婴儿潮一代只有 12% 会取消行程。58% 的千禧一代游客会和别人一起旅行——其中 43% 的人和同事旅行，15% 的人和朋友或家人出游。

现在社会人口的主体，也就是产业结构中最活跃的人口，消费结构中最活跃的人口，文化活动中最活跃的人口，他们的参照系究竟是什么，他们的预期值又是什么？埃森哲最新对中国消费者数字化趋势的研究发现，在中国这片全新的消费热土中，不同年龄代际的消费群体活跃其中，一面因对数字技术掌握程度的不同而展现出与众不同的消费价值观，一面又共同抛弃了过去的消费主义浪潮，不再将价格、数量、新品、商标和可炫耀程度作为消费时的主要考量，而是在买什么、何处买、为何而买，以及购买后的社交反思等方面有着更为成熟与精明的思考，形成了五大新消费主义特点。这五大新消费注意特点是：两线买，购物社交化，体验至上，健身消费和拥抱价值经济。

更年轻的人群成为社会的主体，他们对住宿产品和服务品质的要求，有不同于上一代人的新参照系，也有他们对理想社会更高的预期。对 80 后、90 后来说，他们的参照系生来就有所不同。他们生活在开放、更富裕的中国，对世界的情况有更多的了解，认为这个世界本来就应该是这样的、那样的，要是品质不达标，他们就不满意。一个国家有希望，一定是一代一代对自己社会的期望值更高。所以住宿业创新还要和正在成为主流人口的期望值相匹配。要是创新不足，跟不上年轻一代人对品质的期望，可能让失望情绪弥漫，那就无从让他们对产品提起兴趣，更谈不上满意了。

三、住宿消费升级表现：棘轮效应和追求分别心

消费升级，是基于消费者心理和消费行为的升级，是为消费者提供更好的产品。消费升级本质，指的是消费者愿意花更多的钱，购买产品的更多附加价值。消费升级，不仅体现为消费偏好、消费品位的转变、消费能力的提升，更体现为消费者精神追求以及消费行为的改变。升级内容是多方位的，包括质量、使用体验、品牌、消费体验、身份展示，品位展示的升级。除了关注产品本身的功能和品质，大众开始关心使用体验是不是愉悦，有没有带来精神和审美上的满足等。

住宿消费升级一个明显例证是中端酒店、精品酒店、主题酒店、设计师酒店、精品民宿等占比明显上升。即使是经济型酒店，对于农村和经济收入较低的人员来说，从以前住小招待所甚至地下室到能住上经济型酒店，也是一种消费升级。城镇消费群体尝试新的消费对象，如民宿体验，对他们而言有了更加多元化、独特性的体验，未尝不是一种消费升级。我们应该把消费升级和买的更贵区别开来。消费升级不是更贵，而是更好，更是分别心。需要与众不同的东西，需要跟别人不一样。因此，你以为的消费降级，其实是另外一些人的消费升级。

党的十八大以来，住宿需求结构发生了根本性变化，政务需求占比萎缩，休闲旅游和度假以及社会消费占比占据主导地位，生活方式类住宿业成为新的蓝海，包括精品酒店、生活方式酒店、设计师酒店、主题酒店、精品民宿、度假酒店、健康养生酒店、一价全包式度假目的地、景区酒店等。以前到一个地方出差、公务、旅行，住酒店只是解决住宿需求。现在住店就是为了体验酒店所提供的生活方式，入住酒店和住宿设施本身就是旅行的目的。

至于一二线城市那些经历了消费升级又因为外界经济压力不得不压缩部分消费支出的年轻消费主力，他们的消费降级经历是全面的吗？答案是否定的，消费是有棘轮效应的，“由俭入奢易，由奢入俭难”。经济学家杜森贝利提出，人的消费习惯形成之后有不可逆性，即易于向上调整，而难以向下调整。尤其是在短期内消费是不可逆

的，其习惯效应较大。这种习惯效应，使消费取决于相对收入，即相对于自己过去的高峰收入。消费者易于随收入的提高增加消费，但不易于随收入降低而减少消费。

因而，在一二线城市年轻人中被广泛讨论的“消费降级”，也是有选择性的。大众品牌的崛起，品质的提升，使得消费者可以充分选择价格相对低廉但是使用效果没有减分的替代品，趋于理性的消费观念使得受到房价挤出效应的年轻人将性价比作为了首要标准，这一次的“消费降级”，确切说在保证了质量和使用体验之后，消费者在品牌、消费体验、身份展示、品位展示等非刚性需求上做了一些妥协。由此可以预见，个体的消费水平会呈现出更加多样化的层级，被降级的年轻人会在多样化的消费场景中做出了不同的消费选择，他们或许还是会体验高端精品酒店，但也开始选择亚朵、桔子水晶、全季以及维也纳等中端品牌酒店，甚至会在途家、爱彼迎和小猪来预订精品民宿了。

日本商业作家三浦展在其著作《第 4 消费时代》中文版序言中提到，消费从来不仅只是一种简单的商业行为，它从来都是融合了这个社会最复杂、最隐匿、最深刻的人性。住宿消费这件事，和当时的经济、政治、文化环境，和当地的地理环境、人口结构、风俗文化有关，消费者的年龄、性别、喜好、性格、受教育程度甚至他付钱那一刻的心情都会影响最终的消费行为和选择。

三浦展在思考经济、消费和人的关系时，把日本当代消费变迁历史分为了四个阶段：其中，第二消费社会是批量生产、大量消费的时代，人们追求大就是好，多就是好，崇尚欧美的消费方式。第三消费社会人们开始追求个人化、差异化的消费品，推崇品牌特别是高端奢侈品，消费者的关注点从量演变到质。第四消费社会个体化消费成为主流，人们更加重视“共享”，不再追求更大、更多，追求合适就好，不再追求品牌，而是追求朴素、实用的商品，大众的关注点从海外回到日本，回到区域。日本消费社会经历了从注重国家到注重家庭，再到注重个人，目前处于第四阶段的注重社会，而这四个阶段，并不是严格意义上此消彼长的关系，即使到了第四消费社会，第三消费社会，还有第二、第一消费社会的特征也在一定程度存在，只是不是主要驱动因素而已。对比我们现在的消费环境，住宿消费的主流仍然处于第二消费社会向第三消费社会过渡和第三消费社会阶段，而在一线城市部分民众已处于第四阶段。

第三代消费社会的消费主体见证和参与了经济的高速成长期，物质水平在这一时期极大提高，他们的消费追求更加多样化、个性化与高级化的体验。而第四代消费社会的主体在物质极度丰富的环境下被抚养大，从初高中开始就接触奢侈品，海外旅行也是常事，因此对于这一代人而言，普遍处于低欲望甚至无欲无求的状态中，比起物质上的富足，更倾向于追求人与人之间的联系和内心的充实，消费带来的刺激感趋于弱化，人们从心理上开始追求返璞归真。

四、住宿消费升级带动产业升级

当前中国面对的是“质量缺口”，要求我们加快高质量发展，推进产业结构从中低端向中高端迈进，推动中国制造向中国创造转变、中国速度向中国质量转变、中国产品向中国品牌转变，重点解决“好不好”的问题。2015 年年底，国务院印发《关于积极发挥新消费引领作用加快培育形成新供给新动力的指导意见》（以下简称《指导意见》），全面部署以消费升级引领产业升级，以制度创新、技术创新、产品创新增加新供给，满足创造新消费，形成新动力。

《指导意见》强调，要发挥市场在资源配置中的决定性作用，积极发现和满足群众消费升级需要，推动消费和投资良性互动、产业升级和消费升级协同共进、创新驱动和经济转型有效对接，构建消费升级、有效投资、创新驱动、经济转型有机结合的发展路径。要坚持消费引领，以消费升级带动产业升级；坚持创新驱动，以供给创新释放消费潜力；坚持市场主导，以公平竞争激发社会活力；坚持制度保障，以体制创新培植持久动力。

消费升级引领产业升级，产业升级也是支撑消费升级的一个重要因素。在住宿业高质量发展阶段，要以供给侧结构性改革为主线，推进产业转型升级，加快培育新兴业态、新产品、新品牌，不断提升中高端产品和服务的供给水平。在产业升级方面，优势敌不过趋势，住宿企业必须倾力研究消费趋势的变化，开发契合消费者需求的产品。在业态创新上，从传统走向丰富多元；在产品开发上，需要精细化与工匠精神，不断重构与迭代；在发展模式上，从市场思维转向资本思维；从在住宿结构升级上，从低端向中高端升级；在住宿品牌培育上，需夯实中低端，重视中高端；还要推进住宿产业链升级与价值链重构，不断助力住宿企业成长，培育住宿领域的独角兽和隐形冠军。

五、住宿业态：从传统转向多元

一个大的原始森林，一定不只是参天大树，一定有丰富的植被群落；动物世界里不只是有老虎狮子，一定还有蚂蚁蚜虫甚至苍蝇蚊子这些我们不喜欢的生物。这是很自然的丛林生态，很自然的动物群落。同样的道理，一个国家的企业，一定会有不同层次的、高低错落的企业生态竞争。这一样是正常的企业自然生态，我们没有必要去硬性地破坏这一生态。

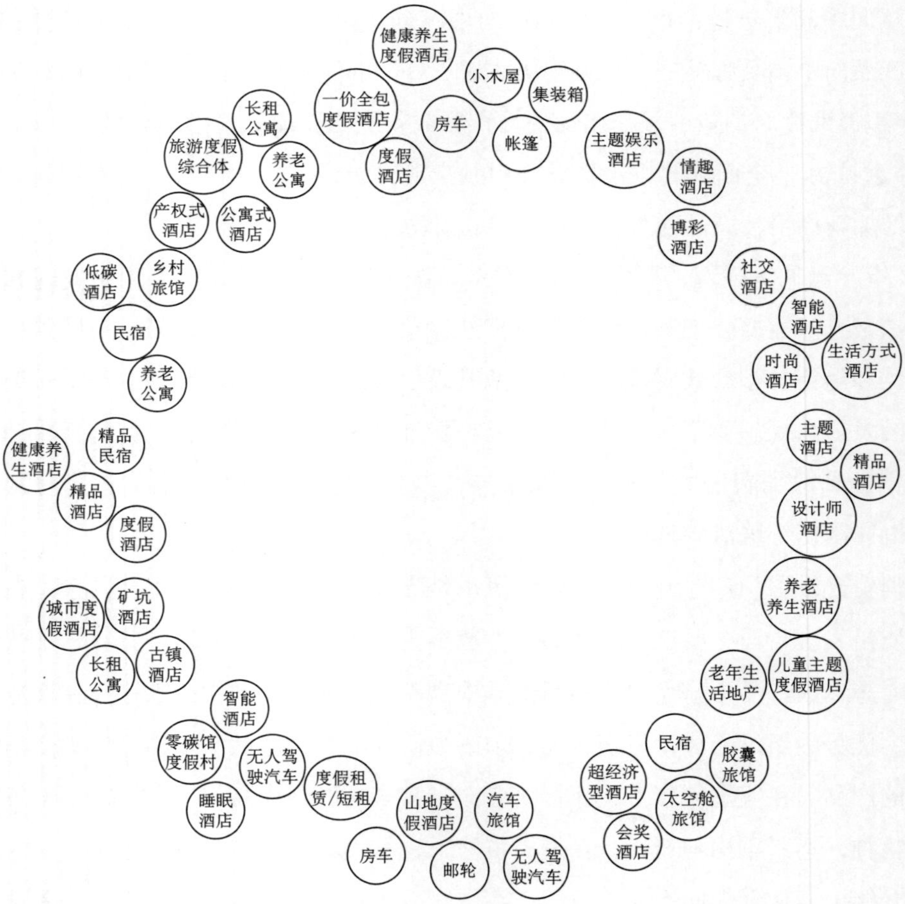

图 3–3　住宿业态多元化

1. 经济型酒店：保障底线，潜力无限

我国经济型酒店经过若干年的发展，已经较为成熟，看起来新的机会并不多，但是，新的竞争者仍然不断闯入，凭借新的模式和发展策略，成长迅速，生存状况良好。

2018 年 3 月，格林豪泰酒店在美股纽交所上市，成为继如家、7 天、汉庭之后国内第四家在海外上市的连锁酒店集团。格林豪泰的服务宗旨是“超健康、超舒适、超价值、超期望”，旗下拥有格林东方酒店、格林豪泰酒店、青皮树酒店、格林联盟酒店 4 个优质品牌及多个子品牌。目前，格林豪泰已经覆盖全国等 400 多座城市，截止到 2018 年 6 月 30 日，共开业 2434 家酒店，客房总数 201 275 间。此外，格林豪泰正在美国、印度、印度尼西亚和越南等国开发连锁酒店。尚美生活提出以“引领新尚美好生活”为使命，发展出经济型酒店品牌尚客优、轻标准酒店品牌骏怡、中档酒店品牌兰欧、尚客优品，以及民宿品牌花美时、公寓品牌 LIPPO 公社等，十年时间已覆盖全国 31 个省份的 293 座城市，旗下酒店超 3200 家（含在营店和筹建店），住店会员数量超过 2200 万。99 旅馆连锁现在有 99 优选酒店、99 新标酒店、艾陌公寓三个姊妹品牌，门店数 965 家，客房规模达到 50 286 间。

在中国经济型酒店市场已是一片红海，线上流量也被 BAT 及 OTA 等巨头垄断，OYO 试图建立新的游戏规则，在带给加盟酒店独特的商业模式的同时，尝试在 IT、运营和营销方面提供强大的支持，从而走出一条与众不同的低端酒店逆袭之路。OYO 成立于 2013 年，腾讯、华住酒店集团、软银视野基金、联合办公巨头 WeWork 等参与投资，其宗旨是创造美妙优质的生活空间。其创业理念是围绕经济型酒店制定一系列标准化质量管控服务，提供融资或进行投资，然后再将其纳入到自己的服务网络里，这些酒店需要满足指定的服务标准，而且能够实现便捷预订和简化客服等，OYO 网络内的酒店价格普遍低于 16 美元。目前，其业务已经覆盖了 230 多个城市，提供的房间数量超过 10 万间，而且每月的客房增长数量超过 1 万间。OYO 计划在 2018 年年底前实现 18 万间客房的库存量。目前 OYO 在中国业务覆盖了中国 180 多个城市，有超过 2000 家租赁连锁经营的酒店，客房数超过 9 万间。

OYO 酒店进入中国市场有几大策略：第一，关注小型酒店，中国的连锁酒店配备的客房数量基本都在 80 间及以上，关注的是被巨头忽略的酒店（客房数量少于

80 间）；第二，依照“灯塔”模式策略性拓展足迹，OYO 没有在北京、上海开展业务，而是着重于提升二三四五线城市的居住品质；第三，廉价低成本，产品更好价格更低；第四，中国本土化，在中国，绝大多数的 OYO 员工都是本地人，这也说明了 OYO 的本土化运营程度。

OYO 2018 年 3 月还收购了总部位于金奈的服务式公寓公司 Novascotia Boutique Homes。这些服务式公寓皆位于商业中心，配备有宽敞的客房、高档内饰、餐点、健身房和用餐区，充分满足商务旅客所需。随着 Novascotia 的加入，OYO 的投资组合将在经济型住宿、OYO Townhouse、OYO Home 等基础上新增服务式公寓，将能够为客户提供更为广泛的选择。收购完成后，OYO 将能够通过其分销、运营、转型和技术能力，为商务旅客提供高质量的住宿选择，同时全面保证客人隐私、安全，并提供家政服务。OYO 希望通过一系列收购、合作、创新和推陈出新为企业家、酒店合作伙伴、资产所有者和旅客创造一个强大而可持续的生态系统。

2. 中端酒店：做优核心，迭代升级

中端酒店品牌异军突起，经济连锁酒店集团“向上”拓展市场，高端酒店集团“下沉”巩固地位，各大酒店集团都在迅速布局、争夺物业资源，中端品牌也呈现迭代升级、百花齐放的态势。跨界混搭、强 IP 植入、场景化将会成为中端酒店追求高效和溢价的新常态。文化主题酒店，可以再造服务产品的文化属性和服务旅程的文化体验，这将赋予酒店食、住等功能性产品之外的高附加值，可产生更大的品牌价值、运营价值和较高的溢价能力。

一直深耕中端酒店市场的维也纳国际酒店推出了好眠品牌，除了为客人提供贴合人体各部位受力点、依据曲线力学原理设计的愉梦之床及全卧位舒适御眠枕外，每间客房还配备了太空舱按摩椅和原木泡脚桶，让客人放松进入深度睡眠状态。华住推出的汉庭优佳品牌，除了硬件升级之外，在社交方面也进行了拓展，跟周边的居民和白领人群产生有效连接。开元酒店集团旗下规模近 70 家的中端品牌曼居，则从单一的住宿空间向生活内容延展，将舒眠、慢饮、慢食、睡眠、办公、会友及娱乐串联起来，为宾客打造心灵休憩、社交、探秘等生活内容体验。亚朵酒店切入市场时就主打“阅读和摄影”，在聚拢了第一批用户之后不断跨界玩 IP，亚朵网易严选酒店成为电商的场景消费空间，其旅行类、音乐类、体育类等更丰富的场景酒店也在陆续推出。东呈酒店集团发布了公馆式精品酒店“吾公馆”、小型城市精品酒店“蓓利夫人”、主打东方元素的中高端商务旗舰酒店“瑾程”、北欧精致商务酒店“宜尚 PLUS”以及青年潮牌酒店“锋态度”等五个新品牌。

3. 主题酒店：IP 导向，差异化发展

凭借不同的 IP，主题酒店通过差异化发展，收到消费者的青睐，闯出了一片新的天地。例如，绿地集团推出了电竞主题酒店品牌魔奇，魔奇品牌是面向都市潮流青年娱乐、居住需求升级推出的新型品牌，致力于为年轻一代打造“网红”和“电竞”为主题的全新住所。首家魔奇酒店位于武汉，有 220 套不同风格的主题套房及客间，内有个性时尚的起居空间和开放式的厨房设施。酒店设有 500 平方米的魔方俱乐部，可供进行地区性赛事；漫画吧、啤酒吧、休息吧等社交空间。为提供最便捷的服务，酒店内设有自助机及无人超市。客人可在自助机上凭身份证自助选房、自助开房、自助交费、自助入住、无停留自助退房。魔奇酒店不仅仅为都市青年居住、娱乐、消费、社交提供一站式的居停空间，更为年青一代打造一个集室外运动、共享精神以及服务硬件化于一体的“魔幻”空间。绿地希望魔奇酒店的开业能给武汉的潮流文化打造一个全新的娱乐共享的年轻社区，一个街头文化的潮流聚集地。

4. 精品酒店：匠心独具，凸显个性

在中国，排浪式消费已经结束，消费者开始追求有创意、个性化、独特性的产品，那些千篇一律、标准化的产品失去竞争力，而精品酒店符合潮流，顺应需求，应时而生。目前精品酒店在中国的发展已形成一种趋势，从发展阶段看精品酒店这个细分市场发展尚处于初级阶段，但未来潜力和空间巨大。

精品酒店有很多共同的特征，简单可概括为“小精特”。“小”指的是单体酒店规模小，客房数量从十余间到百余间不等，但一般不超过 150 间；“小”的另一方面是指精品酒店为小众品牌，消费群体特征鲜明，相对较小。“精”指其精巧创意、精心设计、精心雕琢、设备精致，人员精良，服务精细。“特”是指其风格独特、特色鲜明，与众不同，甚至特立独行。不论是时尚前卫，概念潮流，历史古典，民族民俗特性浓郁等，不一而足，都融汇了国际或当地的文化和艺术元素，具有自身的独到之处，不能被轻易模仿和替代。

精品酒店是体验经济时代的产物，是文化与艺术融合的产物，具有鲜明的与众不同的文化理念内涵，以提供独特、个性化的居住空间和服务水平作为其与大型连锁酒店的最重要的区别。精品酒店通常有鲜明的主题，独具匠心的设计，高度个性化的服务以及较强的私密性环境氛围。精品酒店注重时尚与创新。精品酒店的服务产品既迎合了市场由大众化消费向个性化、体验性消费变换的潮流，同时也引导了一种新的时尚消费方式。如 W 酒店宣称自己不只是一个酒店品牌，而是一个标志性的生活时尚，为客人们提供前所未有的独特体验。

目前精品酒店品牌大致可分为五类：一是大型酒店集团旗下品牌，如 the W、英迪格（Indigo）、安达仕（Andaz）等高端精品酒店。二是专业精品酒店集团，或称为独立精品酒店连锁集团，如安缦、悦榕庄、六善、阿丽拉等。随着国际品牌的引进，国内精品酒店品牌也逐渐成长起来，如松赞、书香、柏联、皇家驿栈、花间堂、安麓等，精品酒店未来连锁化发展也将越来越普遍。三是以软品牌进行连锁发展的酒店集团，它们有的是独立精品酒店集团，如精品酒店集团（BHG，Boutique Hotel Group），有的是附属于大型酒店集团的，如金普顿酒店、设计酒店集团（Design Hotels AG）、傲途格（Autograph Collection）、豪华精选（The Luxury Collection）。四是单体精品酒店。目前国内精品酒店以单体酒店为主。国内单体的精品酒店大多是艺术界、时尚界和设计界人士玩跨界的产物，如西安大唐相府、惠州南昆山十字水度假酒店、大理千里走单骑杨丽萍艺术酒店、长城脚下的公社等。五是奢侈品公司跨界发展的精品酒店，一类是奢侈品公司利用其品牌影响力与酒店结合，诞生了如宝格丽（Bulgari）、阿玛尼等精品酒店，另一类是奢侈品公司自己发展的精品酒店。

松赞酒店被英国贵族杂志《Tatler》列入“101 家全世界最好的酒店”。目前已经开业 7 家，2 家在建，签约 6 家。松赞酒店发展对标安缦酒店，除了酒店的选址，硬件之外，还培养了一批深受好评的松赞管家。松赞旅行管家是松赞还原藏族文化和实现高端旅行服务的媒介。松赞的旅行管家，大都是土生土长的本地人，对本土文化的了解深入骨髓。

从卖房间到卖旅行。松赞不仅仅是一家精品酒店品牌，而是一个将“风景 + 精

品酒店 + 在地文化 + 原住民酒店员工 + 游客体验”极致融合地还原藏族文化和实现高端旅行服务的平台，极力为目标客户群打造一个可以反复体验的世外胜境。2011年，松赞首次推出了“精品山居旅行”产品（香格里拉环线），目前旅行带动的房间收入贡献已经占到总体收入的70%，已经从最开始的“卖房间”成功转型为“卖旅行”。松赞的每一位管家，都有丰富的旅行、文化、户外操作经验，为更好地诠释松赞旅行，松赞会为每一次完整的旅行配备旅行管家和专职司机。跟随管家的讲解，让旅行者能对当地文化有更深入的体验。目前，松赞推出了探索三江并流、初探香格里拉、假期亲子游/夕阳红老年团、香格里拉环线精品拼团、房车自由行等精品旅行线路，满足深度旅游爱好者的个性化需求，让他们可以全身心感受藏文化和滇藏大好风光。

不做酒店，做文化。松赞已经不仅仅是酒店的名字，更代表了一种文化，一种传递快乐的藏式文化。松赞是“兜率天”的意思，比较直观的理解就是心灵净土，和松赞林寺谐音。松赞的Logo是一个八瓣莲花的组合，融合在吉祥结里。莲花暗指坛城，有出淤泥而不染的寓意，其实指的就是生命的本质是不曾受到染污的，吉祥结代表宇宙万物和一切有情众生都在循环往复之中，没有开始，也没有结束。

设计服务于功能，而不是表演。松赞并不怎么提倡设计感，设计本身应该隐藏在建筑里，而不是强调出来。建筑是人住的，用是最好的目的，真的要在环境里待得住，就需要很亲切。强调设计感，往往就会好看不中用，第一眼特别漂亮，但哪里都坐不下去，没那么舒服。即使待下去，也静不下心来，感受不到当地的阳光、空气、风景以及弥漫在其中的灵性，最终你也不会留恋那个空间和环境。在松赞，所有的设计都是要服务于功能的，而不是表演。

松赞从15年前建立第一家酒店开始，就致力于当地传统文化和民间技艺的保护与传承。松赞通过雇佣当地木匠、石匠、铜匠等手工艺人，用最传统的方式建设酒店来拯救那些濒临消失的民间技艺，以此带动甚至培育着一批又一批的传统建筑手工匠人。直至今日，松赞拉萨和丽江的建设还在使用大量的传统工匠。

5. 精品民宿：文创加创新，集群发展

民宿已成为我国住宿业的重要组成部分，民宿持续升级和集群化发展是民众对美好生活不断追求的结果。民宿产业链不断延伸，产业生态不断丰富和完善，对民宿的投资也日益活跃。但民宿发展中的法律、安全、环保、管理、利益纠纷等问题日益引起关注。我们应守住法律、安全、环保底线，提升品质、创意、创新上限，促进民宿健康可持续发展。

传统对住宿业态的认识，主要是星级酒店和经济型、中端酒店、高档酒店等品牌酒店，事实上精品酒店、主题酒店、度假酒店、非标住宿等住宿业态受到消费者欢迎，正逐步壮大。特别是民宿业态近年来在全国蓬勃发展。

民宿是依托城乡居民住宅，通过设施设备升级和文化创意构建的一个旅游住宿的生活场景。综合研判，目前全国民宿有 7 万余家，每年还在以 10% 左右的速度增长，游客接待量超 1 亿人次，年综合收入达到 400 亿元。

目前已形成了一批民宿品牌，如松赞山居、千里走单骑、寒舍、隐庐等。在大城市近郊、城市老城区、旅游景区周边、古城古镇古村落以及部分风景秀美的乡村已经形成了很多民宿集群，如德清莫干山、杭州西湖区、厦门鼓浪屿、北京南锣鼓巷和后海、成都街子古镇、大理双廊和丽江古城以及江浙古镇等。民宿也已经成为旅游小镇、田园综合体、旅游度假区等新兴旅游业态的标配。

民宿集群化发展客观上要求相关业态的配套，于是围绕民宿发展，衍生大量配套产业，形成民宿度假产业生态系统，例如民宿设计、建设、融资、运管、培训、用品供应、餐饮、营销、预订平台等服务业态，同时带动文化创意、游乐娱乐、度假、健康疗养、医疗、养老、体育、教育、环保、生态农业、创意农业等服务业发展，产业链不断延伸，产业生态不断丰富和完善，对民宿的投资也日益活跃。

民宿产品的持续升级和民宿集群化发展，是民众对美好生活不断追求的结果。发展民宿为消费者提供更多住宿选择，可以有效破解住宿业在城乡发展上不平衡和业态发展上不充分的矛盾，提供优质旅游住宿产品，满足民众对美好生活的需求。发展民宿也促进对古镇、古村落、古建筑的保护和对传统文化、民俗、历史的挖掘和传承。发展民宿带动就业的同时，还促进了乡村产业升级，促进了乡村文化复兴，也促进乡村生态环境保护和改善。民宿也是乡村旅游创新创业的标志性业态，每一家民宿就是一个创业项目，真正体现了大众创新，万众创业。发展民宿已经成为乡村振兴的重要抓手，在部分地区也是旅游扶贫的重要手段。

对于酒店集团而言，民宿是重要补充，可为客户提供多元选择。例如，首旅酒店旗下发展了寒舍民宿品牌，寒舍旗下产品包括山里寒舍、山里逸居、山里乐活、水岸寒舍等品牌，这四个品牌的定位都是乡村精品酒店，其中山里寒舍和水岸寒舍偏重中高端客户群，山里乐活则更为中端，山里逸居则主打高端市场。花间堂将高端精品酒店的服务理念与地方民居、民俗等人文特色融合，旗下的酒店产品已逐渐拓展成客栈与度假村两个系列。2018 年 8 月，华住收购花间堂，合计持有花间堂 82.5% 股权。

6. 度假酒店：体验新的休闲度假生活方式

君澜度假酒店目前是中国最大的度假酒店集团。君澜提出，未来是品质生活的时代，人会用一种更爱自己的方式去生活，这种生活方式需要一种载体，这个载体就是旅行，旅行的落脚点，就是酒店。于是君澜提出来塑造这个时代的“生活模式酒店”这一概念。君澜目前走的是度假先导的战略，今后会形成一个君澜的休闲度假圈，让人们体验到“真正的度假在君澜”。君澜致力于塑造一种中国式的休闲生活方式。比如郡安里君澜度假区，在打造一种贵族化的生活方式；海南七仙岭君澜度假酒店，有中国最好的热带雨林，富含量矿物质的天然温泉，打造养生度假酒店；每一家酒店都有自己的休闲生活方式。在做不同模式的度假酒店，并努力让顾客形成互动，最终形成的君澜度假圈，体现出高品质基础上的不同度假风格的展现。

君澜在布局上，计划几年内完成对国内重要经济集聚区和旅游度假区的有效布点，形成合理的酒店经营网络。在结构上，要率先实现君澜度假的突破，形成君澜度假圈。在发展模式上，实现由单纯管理输出模式到全方位品牌输出模式的转换。对于中端度假品牌景澜，集团对其寄予很高的期望，希望这种模式能颠覆传统酒店的管理运行模式，实现酒店运行管理的管理平台、酒店 O2O 平台和资本平台的有效结合，改变酒店管理集团的收入结构，形成具有时代特征的酒店管理模型。

君澜在走中高端酒店路线的同时，更加注重的，是在做一种品牌性格，这种性格是具有中国文化魅力的，专注于做中国人自己的品牌。从四个维度来塑造文化：

第一个维度，酒店首先是一个建筑，是“形”。君澜希望通过酒店的建筑、装修这种“形”，这种载体，把中国文化和个性凸显出来。第二个维度，做中国文化的产品。比如说，酒店大堂的经营区为什么一定要做成大堂吧的模式？君澜要做的是更适合中国人的会客厅。包括餐饮、客房、休闲功能区块都在设计这样的具有中国文化、东方文化特色的产品。第三个维度，做中国文化的经营核算体系。君澜提出预算既是目标，也是工具。要让预算成为每一个人的行动，比如划小经营核算体系。中国人喜欢通过大家的努力去实现一个目标，每个人又都有自己的老板梦，借助这种文化，发挥小单位的创新力和创造力，其实就是要充分发挥每一个人的作用。第四个维度是中国文化的服务。君澜提出了“人本”，人是服务的目标，也是服务的基础。提供“让客人惊喜尖叫的服务“，由此形成君澜独特的服务特征，比如君澜塑造了十个方面的“品牌放大镜”，让中国文化和人文精神互为体用，由此让文化落地，让君澜“更多的关爱”这一口号落地。通过以上四个维度的体现，君澜在服务上形成了具有中国文化的全方位的特征。

7. 长租公寓：新型社交空间

2017 年高地集团发布的美国 2017 年长住住宿市场报告显示，在美国，入住长住酒店的人数和需求均创历史新高，在酒店行业，延长住宿酒店的收入也到达历史峰值，不包括 30 亿美元的公寓，2016 年长住酒店的客房收入在 110 亿美元左右，而在 2015 年长住酒店的客房收入接近 100 亿美元。从美国、中国（如自如）到欧洲，再到东南亚，获得资金支持的共享住宿和短期住房创业公司正在全球各地涌现。

HubHaus 有这么一句口号，叫“来租我们的房间吧，找到你的部落”。该公司成立不到三年，目前在洛杉矶和旧金山湾地区管理着大约 80 家房屋，还帮助租客匹配室友和组织活动。Starcity 则将自己定位为消除孤独的良药。该公司的主页上写到：社交孤立是一种日益严重的流行病，而我们通过将人们聚集在一起、创造有意义的联系来解决这个问题。这家旧金山公司还一定程度上解决了住房短缺的问题，并声称其将房屋居住容量提高到普通公寓的三倍。

长租公寓创企的卖点是：不仅仅向住客提供一间房屋，还让他们结交朋友，成为社区的一部分，进而探索一个新的城市。在北上广深几个大城市，长租公寓正在越来越受欢迎，伴以更多的临时租赁选择、高触感服务和更小的空间。

国内长租公寓行业格局。现在长租公寓行业有五大参与方：创业系、房企系、酒店系、中介系、国企系。长租公寓基本上分为两大市场：第一种是集中式市场，把整栋物业包租或收购，再进行管理。在这个市场中，创业系占了 63%，房企系占了 21%，酒店系占了 11%，中介系占 5%。第二种是分散式市场，把零散的房源整合。这个市场上以自如、相寓两家独大。2017 年自如的公寓超过 60 万间，截止到 2018 年预计会将近 80 万间。相寓大概 50 多万间。排名第三的蛋壳公寓，8 万 ~10 万间。

长租公寓有六大融资渠道：风险资本（VC 股权融资）、产业基金、传统债权融资（银行贷款 + 公司债）、互联网金融（P2P）、资产证券化（租金收益类 ABS+CMBS+ABN）、类 REITs（目前多为契约型基金 + 专项计划的双 SPV 模式）。第一大的仍然是风投，2015 年开始，为长租公寓进行了大量注资，2017 年后逐渐变缓。第二个是传统的债权融资，主要有三个渠道：开发商和国企容易受到银行青睐，上市房企可以通过发公司债，尤其住房租赁专项公司债，此外还有集体土地租赁房贷款。

随着北京房租不断涨价，有人喊出不如住长租公寓或酒店了。以北京为例，北京 7 月房租同比上涨 21.89%，月租均价升至 4902 元 / 套。同样带卫生间的一居室，与其租加上管理费动辄要 4000 元往上的租房价格，还不如包下一间酒店客房长住。除了明星喜欢住长租房，一些进行职业培训和长期出差的商务人员也会选择长住酒店，方便到达一个陌生的城市后尽快投入到工作状态中。

六、商业模式：创新、借鉴与落地

酒店集团依托一个或多个核心要素实施不同的发展模式。从酒店运营管理角度，有委托管理、特许经营、第三方管理、软品牌管理以及度假租赁、短租和长租等分享经济模式。从金融投资角度，有不动产投资基金模式、商业信托、分时度假和产权式酒店等。从扩张模式来看，可分为重资产和轻资产模式，也可分为内生增长模式和外延扩张模式等。

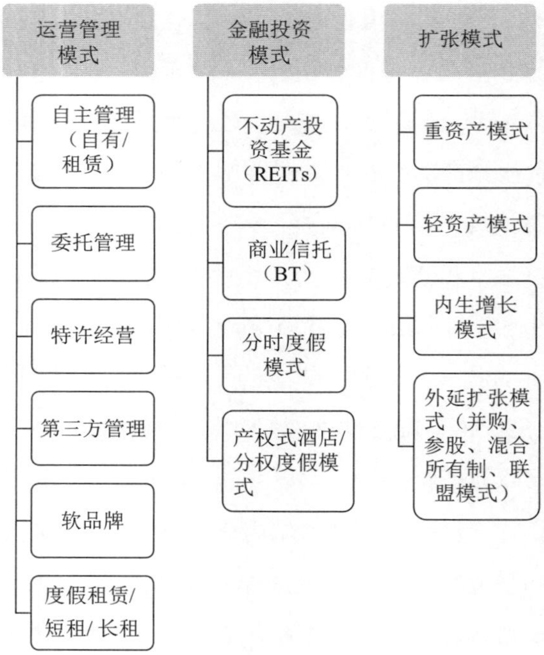

图 3–4　住宿集团发展模式类型

1. 第三方酒店管理模式条件逐渐成熟

从国际酒店集团发展的进程看，当酒店品牌的成长与发展壮大到一定程度时，都会借助于第三方酒店管理公司来进行市场拓展。国内酒店品牌正处在高速成长阶段，与第三方管理公司合作能加强自己的品牌输出与管理，助推酒店集团的成长速度和品牌的国际化。

自“学习建国”以来，国际酒店集团和国内一二线城市的四五星级酒店的旗舰店为国家培养了大批酒店职业经理人和经营管理人才，他们目前有的在国际酒店集团重要岗位任职，也有的在国有和民营酒店集团或单体酒店任职，甚至有部分职业经理人出来自创新的酒店投资公司或酒店管理公司。总的来说，目前中国在酒店运营管理方面人才还是非常充沛的，这为开展第三方酒店管理模式储备了大量人才，因此在第三方酒店管理公司的人才供应方面已经具备条件。其次，国内酒店业主经过这些年的熏陶，对于各类酒店管理模式的优劣已经较为了解，他们越来越注重经营的实效，因此对第三方酒店管理模式的认同度在提升。

国内各地的酒店业主越来越注重长远效益及其资产的投资回报。在业主看来，第三方酒店管理公司成为业主与品牌方的“中间人”和协商平台，来缓解他们之间利益冲突。第三方酒店管理公司的沟通半径相对要短得多，没有过多的束缚。在秉承高服务品质的前提下，围绕顾客和效益来展开。由于国内酒店业和业主对合作的渴望更诉之于业绩的空间，第三方管理公司在国内已逐渐培育出高效的营运支持模式和对应的客源渠道的开发能力。相对于品牌方，第三方酒店管理更专注并专业于运营绩效、标准体系、团队培养和渠道的深度整合。

在直销和分销渠道的组合上，第三方酒店管理公司做得比很多品牌方的管理还要出色。由于第三方公司以运营和资源支持作为管理推进的核心，所以在不同的项目嫁接上能够快速分类客户，细分渠道。第三方管理尤其能够为业主建立起健全且具有黏性的会员体系，维护优质客户和会员转化。

第三方酒店管理公司可以根据约定，按业主酒店项目的特点和市场定位来定制每一个充满地域属性和风格的单体酒店，从而最大限度地将项目开发风险降低到可承受的范围内，并提高业主的投资回报率。由于第三方酒店管理公司掌握了酒店的运营，沉积了大量的管理人才。这种优势造就了第三方酒店管理公司能在最艰难的环境下，用最短的时间提供快速开业，提供灵活的经营战略。此外，由于得到酒店管理集团支持和酒店业主配合，第三方酒店管理公司让酒店人员数量得到控制，也避免了操作流程的繁复，更有效地为业主争取更大的效益空间。

目前，上海中心的 J 酒店开业后将由州逸管理，以第三方管理为主的笙美已在华东地区的轻奢酒店领域有所布局，广州豪亿酒店管理公司和温德姆酒店品牌合作接管众多酒店。近年来国际酒店品牌与国内酒店集团合作，将品牌特许给国内酒店集团，国内酒店集团在以合作品牌管理国内业主的酒店，这里国内酒店集团就相当于一个第三方酒店管理公司。例如希尔顿欢朋与铂涛酒店集团、万豪酒店集团的万枫与东呈酒店集团、雅高酒店集团与华住酒店集团、凯悦酒店集团的嘉寓和嘉轩与明宇酒店集团、洲际的皇冠假日与港中旅的维景酒店集团等的合作。相信第三方酒店管理模式在中国会得到更大的发展。

2. 期待分时度假的复兴

在欧美等国家，分时度假有着完善的立法体系和成熟的运营模式，已成长为旅游业增长最快的部分。据统计，美国 2006 年的分时度假产业收入已突破 100 亿美元，目前已有约 800 万家庭拥有分时度假所有权，在美国家庭中的市场渗透率 7%，尚有 5300 万家庭的可开发目标市场，被认为市场渗透仍然明显过低、潜力巨大。分时度假产业在欧美的发展也并非一帆风顺。消费者对分时度假的理念认识经历了早期“拥有酒店比租赁房间更便宜”到能够“拥有他们的度假”，从将分时度假物业视为一种投资方式到将之视为一种度假选择，从受到传销般的强力推销压力到目前主动咨询和购买的变化。早期分时度假也是一个不受人接纳的产业，随着各种管理机构施加了严厉措施和不断实施改进规制，到 20 世纪 90 年代，分时度假产业在欧美国家才开始树立了消费者友好和正面的声誉。分时度假作为带有金融属性的产品，也受 2008 年金融危机的影响，2009 年美国分时度假产业收入遽降到 63 亿美元，此后有逐步回升，2015 年达到 86 亿美元。

分时度假作为对不同区域和时段的度假资源进行优化配置的模式，在中国经历了短暂兴起与快速衰落，目前留在人们印象中的仍是无尽的纷争。目前，分时度假在中国大规模发展的土壤还不具备，但国民旅游休闲纲要的出台将逐步让国民认识到休闲度假是每个人的一项权利，带薪休假制度也将逐步得到落实，国内旅游度假大发展的时代在不久的将来就会到来。分时度假本身是度假旅游发展的产物，但其发展不会随着度假旅游的发展而自然演进，以下几个方面将有利于为其发展创造条件。

一是制定规制分时度假的相关法律法规。在美国，每个州都制定有专门的分时度假法规，例如，最近美国佛罗里达州还通过了《佛罗里达分时度假交换公司法规》，聚焦于保护分时度假所有者和协会免受无良交换公司所骗。条款的主要方面包括在分时度假所有者签订书面合同之前禁止交换公司收取任何费用，也要求交换公司把分时度假所有者交来的任何款项存入托管账户，直到交易完成。这些条款也为消费者提供额外的保护，以使现有分时度假所有者受到交换欺诈的风险降到最低，但不会限制他们交换或者转卖其分时度假产品的能力。法规还禁止向任何没有能力、收入或意愿支付所有费用的人交换分时度假产品。中国在《旅游法》出台后，在落实过程中如果能专门制定分时度假法律法规，将对分时度假产业的发展环境起到巨大的提升作用。

二是成立一个联合监管机构，保障分时度假产业的良性运行。目前我国缺乏分时度假法律法规，加上监管机构缺位，无良企业得不到惩治，消费者权益得不到保障。在澳大利亚，分时度假计划受到规制已经近30年了，有多个部门对其监管。2005年，国会企业和金融监管联合委员专门提交了一份针对分时度假行业法规的调查报告，其中全面调查了现有分时度假规制安排的有效性和改革分时度假行业规制安排可能模型的优劣势等。报告提出了很多建设性意见，如在销售人员培训中应包括避免压力推销等特定内容的培训，应明确告知消费者分时度假产品不包括任何形式的所有权或产权；为消费者做决策设置一个冷静期，例如10个工作日的强制性冷静期；对于那些能够合理地表明他们签订分时度假合同是由于身体、精神、社会或经济上的威胁或恐吓的消费者，这些条款应该给予他们全额退款的补救办法。

三是鼓励大型酒店集团参与分时度假的开发和运营管理。从欧美经验看，分时度假行业形象改善的一个重要方面是众多声誉良好的公司涌进这个市场，如万豪、迪斯尼、雅高、希尔顿、凯悦和温德姆等。这些公司投入了大量资源告知公众分时度假所带来的好处，抵消了分时度假行业早期不良声誉的影响。这些公司竖立起来的分时度假品牌改善了产品形象并促进了销售和转售。鉴于国内部分旅游集团已经逐步建立较强的品牌影响力和信誉支撑，他们的进入将会显著改变市场格局，并将引导市场良性发展。

此外，分时度假交换网络分布的广泛性直接影响交换网络的价值。目前国内可供交换的分时度假资源有限，虽然一些国际分时度假交换公司理论上可在世界范围内交换，但中国旅游者只能交换对中国开放自助游的国家，很多国家可能并不在交换系统中。因此，大集团的进入将会大大增加度假资源的供给规模和质量，并给分时度假这种模式背书。

3. 中国动力嫁接全球资源：复星文旅案例

复星旅文是复星“健康、快乐、富足”三大业务之一“快乐”板块的支柱，秉承“中国动力嫁接全球资源”的理念，以“产业运营+战略投资”的双轮驱动，围绕全球家庭的休闲度假需求，进行全产业链布局和全球化资源整合，致力于成为“全球家庭休闲度假的引领者”。复星旅文从早年投资法国地中海俱乐部以来，先后投资管理了多个在旅游细分领域处于全球领先地位的品牌，初步形成全球化、全产业、全周期的旅文生态体系，并将在现有平台上继续强化产业链的整合。

复星旅文的生态圈目前包括几大业务板块，涵盖开发、管理和运营高端休闲酒店、度假村及休闲旅游目的地、娱乐及其他旅游文化相关服务，以及旅游平台及服务。旗下聚集了一批享誉全球的品牌，包括具有法国血统的全球最大的一价全包休闲度假连锁集团之一“地中海俱乐部”，世界级奢华一站式度假目的地三亚亚特兰蒂斯，投资了全球旅行社鼻祖、欧洲领先的休闲旅游集团 Thomas Cook，并与其成立了由复星控股的合资旅行社托迈酷客，提供一站式高端品质旅游定制咨询和服务。Thomas Cook 目前的投资组合包括一系列自有品牌酒店，包括 Sentido 和 Casa Cook，为特许经营模式，未来都将陆续引进中国。复星旅文旗下业务还包括景区专业运营商爱必侬，旅游目的地文化演艺公司泛秀，国际亲子玩学俱乐部 Miniversity，以及整合所有旅游资源的在线旅游平台和旅行社。

2018 年 3 月，复星正式发布复星旅游文化集团品牌“复星旅文”，英文名称为 FOLIDAY（Fosun Holiday 的缩写）。复星旅游文化集团的成立是复星 C2M 全球家庭幸福生态战略的成果之一，集团将致力于旅游文化产业的升级，为全球家庭客户提供更好的休闲度假体验。复星旅文将专注在全球家庭的休闲度假领域，提升休闲度假品质。围绕打造 C2M 旅游生态圈的目标，复星旅文提出创新的品牌口号：Everyday is Foliday，即“快乐每一天”。

随着旅游业的蓬勃发展，家庭休闲度假已经成为旅游行业的下一个风口。消费升级和科技进步在驱动旅游文化产业的转型升级，旅游消费模式也将随之发生革命性的变化，这也是 FOLIDAY 诞生的背景。随着技术的变革，工作效率极大提升，工作模式也随之改变，上班族不用每天去办公室，远程办公成为现实，而休闲的时间也相应增多。办公场景和消费场景的边界将进一步模糊化，而 FOLIDAY 将为满足这样的场景需求“智造”创新的产品和服务。

七、品牌培育：夯实中低端，重视中高端

以国内酒店品牌的设置为例，我们发现不少连锁酒店模仿国际酒店集团构建了档次齐全，名称琅琅上口的品牌谱，但是多数品牌内涵很空泛，只有等级之分，没

有特色之别，这种形式上的克隆导致品牌雷同，供给也很难契合消费者的需求。我们要认真研究国际品牌集团的品牌谱，而且每一个品牌的形象立体，风格鲜明，辨识度极高。

就品牌影响力而言，国内酒店品牌仍大而不强。一段时期以来，欧美发达国家是高端酒店品牌的主要输出地，东南亚新加坡、泰国等国家成为高端精品度假酒店品牌的输出地，如安缦、悦榕庄、GHM、阿里拉、安纳塔拉等品牌；中国在经济型酒店和中端酒店品牌领域近年来异军突起，但主要仍在国内发展。虽然中国香港地区文华东方、半岛、朗庭等高端品牌迅速崛起，但内地真正谈得上高端的品牌还很少。下一步需要夯实中低端品牌的同时重视中高端品牌的培育。

以前国际酒店的价值主要包括：品牌价值、运营体系、会员体系、销售体系和人力资源等。但随着中国互联网的发展，客户群和销售体系已经打开了，真正通过国际酒店自己的会员体系来预订酒店的客人很少了，特别是在中国的二三线城市，大部分顾客通过 OTA（在线旅行社）来预订酒店。国内互联网的使用远远比国外活跃，这就打破了国际酒店原有的客户群和销售体系优势。另外，国际酒店品牌在落地的时候，标准化也出现了问题。尤其是国际酒店落户到一些二三线城市时，其标准不因地制宜地做出调整，导致客户群和投资回报都不理想。当然，国际酒店品牌经过多年资源积累，仍具有很大优势，只不过未来其国际品牌的头衔已经不会像过去那样是一种绝对的加分，这意味着作为“新生儿”的中国本土的酒店品牌们将有更多机会。

复星文旅酒店品牌：Thomas Cook 集团与复星集团的合资企业 Thomas Cook 托迈酷客，宣布将 Thomas Cook 集团旗下自有酒店品牌 Sunwing 晴乐湾家庭度假村引入中国市场。接下来还会向中国市场引进 Casa Cook 和 Cook's Club 等自有酒店品牌。集团全球战略也在加码酒店资源端，希望通过建造更多自有品牌酒店，实现对质量、价格、运营的更好控制。酒店选址：需要把酒店战略定位在本土市场上，因此选择一线城市和核心二线城市周边车程 2 小时之内的地区作为家庭短途旅行的目的地。此外，还瞄准远离城市中心、具有显著旅游资源的地区，如拥有海滨、山野湖泊、滑雪、温泉等资源的旅游目的地。产品定位：随着二孩政策开放，中国亲子酒店市场需求旺盛，但仍处于发展早期，真正的亲子酒店产品亟待挖掘。Sunwing

晴乐湾品牌在中国首个亮相的酒店品牌主打亲子市场，在中国的目标客群是来自中产阶级的、偏爱自由行的家庭亲子度假游客。Sunwing 晴乐湾首个落地项目，属于大型文旅综合体梦东方梦幻嘉善项目的一部分。梦东方梦幻嘉善项目位于上海西南约 60 公里，包括主题公园、剧院、亲子特色酒店、特色餐饮等。

“绿地酒店集团”更名为“绿地酒店旅游集团”。绿地旗下的酒店集团自 2005 年成立以来，发展规划分为三个阶段：第一阶段以托管为主；第二阶段重点在大力打造自主品牌；第三阶段则将着力于品牌输出。目前绿地共计划推出 10 个自主酒店品牌，这些品牌针对不同的消费人群设计。在城市综合体方面，除了目前已推出的五星级酒店“铂瑞 –Primus”、商务四星酒店“铂骊 –The QUBE”，以及针对年轻人需求设计感比较强的“Q”品牌之外，绿地还计划推出一个针对年轻人的中端酒店品牌“Q–BOX”，着重满足年轻人对于共享、交友、高科技等方面的要求。而针对特色小镇和房地产去库存，绿地也计划分别推出从三个酒店品牌，这些酒店品牌将针对从中端到高端的不同消费需求。

绿地酒店旅游板块已拥有完整的自有酒店品牌系列和轻资产化品牌管理输出体系，并已在全球范围内广泛布局，在市场品牌、产业协同及业务基础等方面拥有进一步做强做大的明显优势。绿地将用三年时间，打造以两百亿以上年收入的酒店为核心业务、以旅游及会展为两翼引擎、具有全球竞争力的酒店旅游集团，形成一批具有市场号召力的绿地系酒店、旅游、会展品牌，充分整合产业链上下游资源构建开放型、平台型的产业生态圈，成为全国行业的龙头企业，绿地大消费产业的重要支撑、产业协同的重要力量、资本运作的重要载体。与此同时，争取 2019 年实现酒店业务资产证券化，2021 年实现旅游业务资产证券化。

开元酒店是开元旅业集团旗下最核心的板块，主要在中国从事中高档连锁酒店的经营及管理，截至 2018 年 4 月 30 日，开元酒店旗下共有 130 家已开业酒店，逾 3 万间客房，遍及中国 24 个省份。按在营及待开业高档酒店客房的数量计，开元酒店为国内第三大酒店集团及最大的本土品牌酒店集团，而按在营及待开业中高档酒店客房的数量计，则为国内第七大酒店集团及第四大本土品牌酒店集团。2018 年 8 月，开元酒店管理股份有限公司递交香港上市申请。

首旅如家今年先后完成柏丽艾尚酒店、如家精选酒店（升级版）、YUNIK

HOTEL、如家商旅酒店（金标）、如家酒店·NEO、如家小镇乡野趣乐部等六个新产品的研发、落地和推广工作，以及和颐至尚酒店的产品升级方案。“柏丽艾尚酒店”以欧陆风格为主，为新兴城市的新资深中产阶级人群打造法式尊享服务。YUNIK HOTEL是基于多元社交的理念，为新生代客群打造的中端品牌。如家小镇乡野趣乐部是在城市郊野打造的度假综合园，是首旅如家“如旅随行”生态圈战略孵化的创新品牌。

金陵饭店控股子公司南京金陵酒店管理有限公司，主要从事“金陵”酒店品牌连锁经营。2018年7月，金陵酒店出资设立南京金陵文旅酒店管理有限公司（金陵文旅），新公司将负责新品牌产品设计、品牌创建、拓展储备等工作。金陵文旅的成立，意在加速金陵饭店连锁化。金陵饭店控股方面称，金陵文旅有助于公司实施差异化品牌策略，针对不同细分市场、不同场景服务构建商务会议酒店、主题精品酒店、休闲度假酒店等品牌，加快连锁项目扩张步伐。

并购仍是快速获得知名品牌的最便捷手段。华住集团宣布以近4.63亿人民币收购青普旅游及同程旅游合计持有的花间堂71.2%的股权，收购后，华住合计持有花间堂82.5%股权。这意味着华住进一步对中高端产业布局，完善大住宿生态圈的构建。在未来的品牌组合策略中，华住将在尊重并延续花间堂原有的品牌个性与精神前提下，充分发挥花间堂的设计优势和文化推进作用，延续在旅游目的地的发展以外，帮助花间堂进入城市，成为中国人文酒店和度假酒店的领先品牌，给消费者创造更丰富的住宿场景选择，共同诠释对美好生活的追求。并购完成后，双方将进一步整合会员体系和产业资源，调动华住丰富的资源系统，全面提升花间堂在运营管理、酒店采购和加盟商服务等能力，加速品牌的快速发展，也将给花间堂的“花粉”带来会员权益增值，丰富出行选择和礼遇。

锦江国际在并购中快速成长。锦江国际旗下酒店品牌包括J. Hotel、锦江、锦江都城、锦江之星等系列。锦江国际提出“深耕国内、全球布局、跨国经营”的口号，全球化战略快速落地，2010年收购美国州逸酒店集团，自2015年起接连收购法国卢浮集团，战略投资铂涛集团和维也纳集团。按规模，快速成长为世界排名前十的酒店集团。

丽笙酒店集团总部位于美国明尼苏达州，正在运营和在建的酒店数量为1400多家，客房总数超过 220 000 间，业务遍及全球 115 个国家和地区。旗下拥有 Quorvus Collection、丽笙蓝标、丽笙、丽笙红标、丽亭、丽柏、卡尔森丽怡酒店等品牌。2016 年 4 月，尚处于扩张势头中的海航集团宣布收购当时还未更名为“丽笙”的卡尔森酒店集团。2018 年 3 月，卡尔森瑞德酒店集团宣布更名为丽笙酒店集团。锦江国际已与丽笙酒店集团达成协议，将购买 Radisson Hospitality AB 51.15% 的流通股及投票；锦江国际还与海航旅游集团旗下间接持有的全资公司 HNA Sweden Hospitality Management AB 达成协议，将另外购买 Radisson Hospitality AB 不超过 18.5% 的流通股及投票。此外，在上述关于 Radisson Hospitality AB 的股权交易完成后，锦江国际还将从海航集团手中购买丽笙酒店集团 100% 股权。

直接收购酒店资产是扩大业务版图、实现国际化发展的捷径，但是锦江国际现有的外资酒店品牌美誉度、认知度不高，竞争优势不足。收购丽笙酒店后，如何提升品牌知名度、培育市场，以达到回报预期，是锦江国际需要关注的问题。此外，集邮海外酒店品牌并不能自动为锦江国际更好地创造效益，下一步锦江国际还需要在品牌建设和经营管理等方面进一步下功夫，特别是对众多品牌进行梳理和整合。

洲际在收购丽晶之外，于 2018 年 6 月宣布推出全新高端酒店品牌——voco ™，以加强洲际集团在高端版块的品牌供给。丽晶、voco ™、金普顿酒店以及在美洲区推出的 avid 品牌，洲际正在通过或收购或推新，迅速强化其现有品牌组合，特别是加速在高端酒店领域的全面突进。雅高酒店集团也连续收购费尔蒙莱佛士国际酒店集团（Fairmont Raffles Hotels International）、智利酒店集团 Atton 的收购、瑞享酒店及度假村（Mövenpick Hotels & Resorts）、澳大利亚最大的酒店集团 Mantra、奢华时尚生活酒店 sbe 娱乐集团等一系列国际知名品牌。

有研究者提出，以多样化的酒店品牌组合，可以收割更广的客群。以增加客房库存为目的是旧式的“以产品为中心”的思想，而提供尽可能多的品牌选择，实质是在满足客人持续变化的个性需求，是“以顾客为中心”的逻辑。为了确保自己的产品永远成为顾客的首选，尽可能多的酒店品牌成为了必须。拥有更多品牌意味着有机会与同一个客户持续保持互动。能够从旅行者需求侧出发，通过持续供应更多选择的酒店品牌拴住出于不同目的驱动下寻找酒店产品的客人。另外，不同的酒店品牌之间能够参与到酒店集团的常客计划体系中去，为客人提供几乎全球跨品牌间的会员礼遇与积分，这无疑也是大型酒店集团能解放手脚推陈出新的坚实依靠。酒店集团显示出的另一强大优势在于，其成熟强大的预订及营销网络，帮助酒店品牌迅速打开全球市场的同时，却并不会过多占用营销费用。

八、产品开发：大众化转向定制化

1. 健康产品

维也纳酒店。产品研发与卖点的塑造，是我们马上要发力的。比如说我们做高端酒店的卖点，是从维也纳“深睡眠、大健康”的核心产品理念上出发的。从睡眠来说，我们从听觉、视觉、嗅觉、触觉、味觉上就可以构成一个完整的体系，涵盖专利的36个助眠系统，挖得很深很透，黄董事长在这上面花了很多的心思，用了很多的专家，相信会把这些题材做到极致。大健康的概念，药食同源、环保客房、抗衰与养生都属于这个大概念之下。

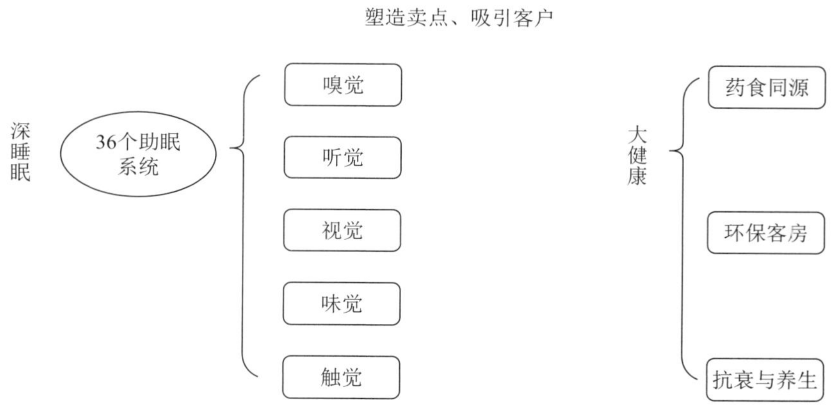

图 3-5　维也纳酒店的健康产品设计

新绎七修酒店管理有限公司，提出要打造具有中国传统文化特色的养生酒店，成为世界级的健康养生酒店运营服务商。公司打造的三疗健康酒店和七修健康酒店受到消费者好评。三疗，指能量、排毒、情志的“疗愈”；七修，是德、食、功、书、香、乐、花七种养生方式的简称。三疗七修潜心于在快节奏的都市为民众输送

“慢生活，享健康”的人生态度，覆盖健康体检、中医养生保健、七修研习课程、国医名师课堂、亲子活动等一个完整阳光养生链条下的健康生活大礼包，让消费者收获身、心、灵健康养生体验。

本慧玛雅管理有限公司是中国第一家国际医疗健康旅游酒店品牌，通过在中国开发管理以生活方式产品为主题的酒店来推崇健康生活方式。本慧玛雅结合消费者当下的生活方式，通过聚焦重建其身体整体系统健康，唤醒思想情感的觉知来帮助消费者实现身心健康和思想成长的蜕变。本慧玛雅以结合管理身心健康和度假旅游为一体的创新业态——医疗旅游房地产来实现其愿景。本慧玛雅通过可实现的健康生活方式，身心灵整体健康的疗愈和修炼来激活消费者从无意识到有意识的转化能力，而这种转化会帮助其重建自己与家人、朋友和周围社会环境之间的和谐关系。

本慧玛雅管理有限公司商业战略。本慧玛雅采用“差异化聚焦点”作为企业核心竞争力的基本战略。当在市场上适用差异化聚焦点战略时，本慧玛雅强调其产品和服务的独特性，同时聚焦点放在早期采用个性化预防和康复产品的高端酒店业消费者。这些早期的产品试用者是富人客群，他们更倾向于购买新型的持续被推荐的产品。本慧玛雅的基本战略要求适当的战略目标来保证其核心竞争力，例如，本慧玛雅的战略目标之一是提高在产品研发上，不断优化现存的产品或项目，或者继续开发服务康养地产业综合预防医学的新项目，产品和服务，来以此不断满足变化中的市场需求。另外一个与基本战略相关联的战略目标是增强核心竞争力。

本慧玛雅管理有限公司差异化战略。本慧玛雅的差异化战略是广泛的创新和发明，在源自奥地利百年历史的玛雅医学的基础上，它集合了酒店度假与医疗诊所业务，是跨界融合的成功典范。本慧玛雅对中国康养市场的复杂性做了长达 2.5 年的深度调研，这些基础的信息使其充分了解了消费者的痛点和需求，从而为企业战略奠定了基石，在以生活方式设施为内容的医疗酒店里提供高端私密丰富的健康产品组合，包含预防治疗与康复，这些产品集生物心理和社交为一体，是世界上最前卫高端的整体身心健康治愈方案。这些“整体健康中心”的商业标签就是本慧玛雅医疗酒店，它们的设置通常是 70 间房，是极为生态并低调奢华的精品酒店，坐落在交通便捷的高质量无污染的地区，产品以整体身心健康的预防治疗康复为主。设置在市中心的本慧玛雅健康会所生态奢侈，提供会员制的个体消费者同样的产品。国际知名疗法品牌如玛雅疗法、哈库米、NLP 等都在“生物心理社交”治疗项目上享有盛誉，这些疗法都以成功地为目标客群转换正能量的价值而卓越。在本慧玛雅医疗酒店里，这些疗法综合为一体服务客户，并不断优化对客户的治疗。

本慧玛雅的差异化还体现在价格差异化和产品多样化。本慧玛雅的产品与服务标准是顶级的高端市场，而其价位是高端产品的平均值，包括房间及产品消费为每天每人 13 000 元人民币。本慧玛雅核心产品组合是个性化定制的临床性和教育性的治疗方案，由 900 多种治疗方法组成的套餐，主攻身心健康的预防与康复，为客户带来长期的可持续的疗效。

秉持以客户为中心的经营理念。客户体验一直被认为是影响客户行为如忠诚度和转介绍的最重要因素之一，酒店业也同样被视为体验式服务最强烈的产业。本慧玛雅早期阶段顾客满意度的成功体现在对客户在酒店或会所里的预期体验的了解，以及在来到酒店和会所之前和企业之间的互动，这些细节极大地监测并保证客户的体验是在情感和社交层面的。专家们依据详尽的中国康养市场的调研数据进行项目整体规划与设计，虚拟客户眼里的痛点、需求、愿望和期待均来自调研的数据，这种靠近消费者的技术方法会一直优化，直到试营业期间和正式开业时产生消费者的实时体验取代虚拟体验。

重视客户满意度。本慧玛雅极其重视可持续发展的客户满意度，积极创造客户良好的情感体验，使消费者成为终身客户，从而在旅游度假和健康诉求相结合的小众市场竞争中占用领军地位。评估客户满意度是实现控制到最后改善客户关系的第一步，如果你不能测量客户的满意度，你将无法了解客户心理，无法了解客户心理，就无法控制与客户关系的局面并进行改善。本慧玛雅在每个运营环节收集、分析并使用其测量客户满意度的数据，在每个环节和每次与客户发生的接触点，以及每次产品的发布，定期地有选择地进行调研，收集反馈意见，这些方法可以规避出现由于调研太频繁导致一些顾客不愿参与的情况。本慧玛雅就是这样在全球成功地运营其业务的，保证客户满意度，使本慧玛雅的客户变成主顾（85% 的回头客），然后这些主顾变成品牌义务的倡导者和支持者。

关注客户的忠诚度。本慧玛雅对客户忠诚度的理解是与客户情感的手牵手，客户忠诚度来自于持续不断的良好的情感经验，亲身感受的满意度和被认可的产品与服务的价值体验。为建立忠诚度，客户体验管理包含身体的、情感的和价值元素从一个体验到另外一个体验的一致性；保留客户的成本低于争取新的客户成本；客户体验管理是提高客户满意度，客户挽留度和客户忠诚度成本最低的方法。忠实的客户（倡导者，支持者）不仅仅保证销售，他们更有可能购买附加的、高利润比的产品与服务。忠实客户降低品牌花费在培育客户和市场开发的成本，尤其当他们成为一个品牌的 NPS。客户管理系统是本慧玛雅采纳的最有效的差异化竞争战略。当客户与品牌的关系在情感、逻辑思维和灵性各层面产生共鸣时，当客户珍视品牌的产品与服务使用前，使用中和使用后的全部体验时，这个差异化便有效地驱动了客户忠实度。在提高客户忠实度方面，客户经验管理系统证明了其自身可持续的竞争优势。

绿地也聚焦“康养居”服务。绿地控股发布了康养产业战略规划，绿地康养将全面负责绿地“医康养”大健康核心产业平台建设，参与大健康领域的“医康养”产业项目的开发与运营，承担绿地健康养生示范区“康养居”建设。根据规划，绿地康养将依托绿地房地产主业优势，致力于医疗产业、养老产业、健康管理产业发展，通过商业创新、管理创新、技术创新，以社群为纽带，以“医康养游娱学”六大主题内容为特色，以行业领先的高品质服务标准，以大数据驱动的全生命周期、全方位健康管理服务为纽带，打通医疗体检、旅居养老、健康保险、智能设备等健康产业上下游，构建“全托型”一站式旅居养老服务平台。其中计划新开业主题酒店 52 个，首批康养居酒店已在成都、武汉相继落地。

2. 亲子酒店

亲子出游选择自助游或半自助游比例很高，并且更加注重品质，近五成都会选择豪华酒店，一价全包式度假村也逐渐受到青睐。与国内酒店其他用户相比，亲子用户对酒店价格的关注较弱，最关心酒店所配备的儿童早餐、玩乐设施，等等。在地理位置（交通方便、开车两小时内能达到）、周边玩乐（有适合孩子的主题公园 / 动物园等景区）、酒店设施（干净、安全、有专门的儿童床品、浴袍等，有专门的儿童活动和游乐场所）、房间设计（儿童或亲子房设计得有趣、有卡通元素等）、软性服务（配备专门帮忙带娃的老师 / 亲子活动引导员等）、酒店品牌（品牌知名度高）、房间价格这七项中，大部分人选择了前三项，个别人选了第四项。家长们普遍认为，地理位置、周边玩乐和酒店设施是最看重的地方，房间设计其次，软性服务可能更适合大孩子，而酒店品牌和价格，大部分人则并不看重。

漫梦文化是一个以动漫 IP 为核心，主打动漫 IP 主题客房的创业团队，通过将动漫 IP 的亲子元素融入酒店客房、公区和城市景区等，打造具有特色的 IP 亲子生态。漫梦文化为了区别于 OTA 亲子房，在亲子房的 IP 选择和房间设计上进行了差异化设计，目前已获得龙猫、熊本熊、豌豆星球、面包超人等国外 IP 和秦时明月等国漫 IP 的授权，同时在亲子房的设计上，除了常规的带有 IP 符号的软装配套，还会在房型较大的房间设置儿童滑梯、儿童波波球池等。IP 亲子房打造的其实是一种文化氛围，比如龙猫的亲子房，里面可以植入很多龙猫场景，将一个 IP 用不同的方式展示出来成为一种氛围。

一些大型酒店集团也推出的亲子计划和亲子酒店，比如喜达屋于 2016 年推出的覆盖中国大陆地区旗下所有酒店的“SPG 童乐汇”儿童会员专属计划、首旅如家 2017 年推出的漫趣乐园，更多的则是单一酒店自主装饰亲子房，包括积极响应 OTA 提供的亲子房改造。

3. 文创酒店

有戏电影酒店创始人指出，在消费升级的大趋势下，酒店服务人群个性化需求不断增加，将现有酒店向中高端市场升级非常有必要。基于电影主题的改造升级，是为了满足多元需求和塑造品牌差异化的附加价值。电影酒店的定位是通过“电影 IP ＋酒店业态”的跨界融合，来打造具有差异化的新型中端酒店连锁品牌。具体来讲，它是对存量的经济型酒店进行文化包装和科技改造。在整体的酒店装修上，会融入不同的电影主题和场景设置，包括服务人员都换成电影服装，楼道变成电影长廊，做各种电影衍生品等，给消费者带来较强的文化沉浸感。进入酒店房间内，里面有 133 寸、1080p 整墙的大屏体验和 3D 环绕音箱，可以制造比一般电影院更强的试听效果。加上主题派对、影片发布会、粉丝见面会等多样化的互动，电影酒店其实输出的是一种综合性的酒店文化增值体验。为打通电影后端链条，在软件投入上，电影酒店也和北京电影学院、中影集团等机构建立正版授权机制，保证影片质量、规范。除此之外，电影酒店也在着重提升内部的科技创新含量，包括引进人工智能、人脸识别等技术，来打破传统上千篇一律的入住模式，实现多元交互式的大堂和一键智能入住等功能，让电影酒店更多的服务由科技支撑。从盈利模式上，有戏提出未来除了“酒店运营＋私人影院”的收入，电影酒店也将开发更多的“衍生品＋宣发渠道”的收入。

九、服务品质：不拘泥于标准，体验为检验标准

近年来随着我国发展水平的提升，居民在旅游观光、休闲康养、家政服务、文化体育等方面的需求越来越大，不仅成为居民消费升级的增长点和亮点，也成为拉动经济增长的新动能。从网络评价、第三方评价以及神秘人暗访结果看，在服务质量、安全标准方面良莠不齐，消费者满意度还有较大提升空间。

面对正在来临的新周期和群体，首旅如家酒店产品的侧重点从内容变革、流程更新再到真诚服务，正在向“社交生活、场景温度、真情感受”的方向迈进。为传承“中国服务”理念，满足宾客多元化体验需求，首旅如家增设了“HO”岗位（Happy Organizer）。这是对国内外服务行业发展做了深度调研和论证后，在实践中形成的针对互动体验式服务的人力资源组织 H.O.T.（Happy Organizer Team）。H.O.T. 正是实践这一理念的组织。HO 会带领客人去“玩”去“体验”，通过互动和交流，更容易把人（客人）、事（活动）、物（智能硬件）三者更好地结合起来，在“主动型体验式服务”的场景中将起到决定性的作用。

美豪酒店集团构建“温情服务体系”。成立于 2009 年，定位于“做让所有宾客享有尊严的酒店”，凭借精致场景体验和温暖亲情服务，持续为用户创造舒适、有品位、新享受的超值入住体验。目前旗下门店已遍布国内一线城市，在营业客房数量超过万间。随着用户差异化需求的升级，美豪一直以来积极构建的“温情服务体系”，已经持续在新开门店与存量酒店中完成完美复制，裂变传递。一改绝大多数酒店服务的机械冰冷，美豪的服务被赞誉为“有温度、有互动的情感体验”。

酒店布草管理和“六小件”品质一直缺乏相应的国家标准。目前各大酒店往往参考洗染业管理办法和个别地方标准进行布草洗涤的管理规范。而“一客一换”的布草更换，尚无明确的行业制度，大多为各大酒店集团的自我规范要求。消费者也无从知晓自己亲密接触的床单、被套、毛巾等酒店布草是否经过了规范的洗涤和更换流程。

美团推出“净放芯”项目，以科技创新助力酒店服务升级。消费者可以随时通过美团酒店查询和预订带有“一客一换”专属标识的“净放芯”合作酒店，入住后用手机扫描“净放芯”智能芯片，即可知道床单等酒店布草用品的洗涤和更换状态。按照“净放芯”项目标准，新的酒店布草在使用前将嵌入专属的“净放芯”智能芯片，并通过净放芯信息管理系统录入布草信息，即可跟踪布草从酒店到水洗厂再回到酒店的全流程。“净放芯”布草经水洗厂完成洗涤后，相应状态将在云端平台被更新为“已清洗”，而后配送回各大酒店供工作人员更换至每一个房间。消费者入住后，扫描布草上“净放芯”智能芯片上的二维码，即可查询云端的布草信息，包括第几次扫描等。看到手机提示后，即可放心使用。消费者退房后，酒店将整理和收集布草送往水洗厂，此时云端平台会将布草状态更新为“待清洗”，一直到洗涤、熨烫等环节完成后，再恢复回可使用状态。“净放芯”打通酒店更换布草和水洗厂洗涤的全流程，可以跟踪布草流转的每一个环节，并将布草信息实时同步到平台。通过“净放芯”，酒店可以为消费者提供“手机扫一扫，即知床单换没换”的清晰感知，并可以帮助酒店管理每件布草的清洗次数、存储定位等信息，实现全面的布草智能化管理。

通过“净放芯”打通酒店场景内人与物的信息互联，提高酒店内服务环节信息透明化，从而让消费者住得更放心。“净放芯”实现了酒店布草的智能管理，通过将物联网技术的 RFID 芯片与移动互联网的二维码相整合，形成了两网合一、两码合一的一体化智能芯片，并与云端平台数据相连接，让每一件酒店布草都有了唯一的“身份标识”。酒店与水洗厂将共同率先执行“净放芯”标准中对于布草洗涤和更换的规范要求，为消费者打造放心客房。“净放芯”智能布草管理方案还将帮助提升酒店行业内部的信息化程度，通过物联网、移动互联网等科技创新和服务创新，实现“一客一换”等酒店服务的制度化、规范化、透明化，并让消费者切实体验到干净、放心的住宿新体验。

北京瑰丽酒店的“行政酒廊”是其独创销售方法的产品。对于半数以上的高星级酒店而言，这一产品目前处于尴尬的境地，开放营业，增加员工成本和餐饮成本，关闭停业，又有碍高星级酒店的标准和名号。瑰丽酒店探索并进行着一种非常规做法，如何让为贵宾提供优雅专属服务之地，同时提高人效和坪效。酒店的非常规具体做法有二：一是入住普通楼层的顾客加价 500 元即可以享用行政酒廊给予行政楼层顾客的一切福利和礼遇；二是对公司合约客户采用年度付费会员卡制度，允许会员公司把酒店行政酒廊当作“大客厅”，接待贵宾。这个行政酒廊面积硕大、景观一流、设计合理、家具分区域摆放，将大空间分割成大约 15 个不同区域，可以让顾客畅饮无忧、会客无扰。如此创新理念营运行政酒廊，将其打造成一个多元受众的“休闲会客、畅饮聊天”中心，应该在高端酒店属于首创。

雅高酒店集团在法国各地的一系列文化、运动和艺术活动中，成功试点雅高移动概念住宿 Flying Nest 项目，目前已进入 B2B 市场的商业化阶段。Flying Nest 采用大胆创新的设计，旨在提供移动的可持续的住宿方案。Flying Nest 采用改装的海运集装箱，确保运输过程快速便捷。利用天然材料覆盖每个改良集装箱，并配备一系列舒适设备（宜必思旗舰店的 Sweet Bed、私人浴室、空调以及 Wi-Fi），六个集装箱组成一个独立客房。改良集装箱也采用了一系列环保材料，供能也选择了绿色能源。Fly Nest 采用两层设计，在大型活动期间为客户提供独特的酒店服务体验，并在酒店房源趋于饱和时满足客户的住宿需求。雅高还与位于里昂的创业公司 Capsa 合作，实现客房的快速组建和概念推广。

酒店提供目的地旅游和活动。产品缺乏差异化使酒店被迫与 OTA 在价格方面进行竞争，酒店很难向潜在客人传递其产品价值。为了改变这种情况，酒店需要以“价值销售”代替“价格销售”，并需要建立有效的营销策略，在网上预订渠道提供多样的体验活动，同时进行多渠道的季节性的营销。酒店结合目的地旅游和活动推出打包服务，或者单独将其作为附加项目，不仅能提高酒店入住率，还能带来增量收入，提升相对于其他酒店以及 OTA 的竞争优势。在线直销渠道为酒店提供了无限的机会，使得他们可以成为“目的地活动的先导”，在旅行者体验博物馆、画廊、亲子旅游景点、购物、餐饮、夜生活、娱乐场所等目的地时，将酒店作为最佳的住宿选择。结合有效的网站营销手段，并且专注于酒店产品以及价值定位的独特性，酒店就奠定了成功的策略。酒店住宿与当地目的地旅游和活动可进行打包销售，其中包括：市区观光、博物馆、剧院、购物和周末套餐以及浪漫度假等。从目的地活动服务商的活动收入中收取推荐费和佣金。酒店可以通过在线提前预订、前台和礼宾部提供当地的旅游活动，并与服务商协商获得佣金。Airbnb 通过旗下的体验项目，在许多重要目的地推出了旅游活动，目标是将其服务覆盖到 1000 个城市。

第四章

颠覆创新：突破边界与关注边缘

一、专业化发展仍是根本

聚焦核心，深耕核心，专业化发展，仍是住宿业发展的根本之道，但很多创新不是来自于内部，而是来自于外部，来自拓展边界，融合发展。住宿业的高质量发展、产业的升级更多靠的是从 1 到 N 这种模式的创新，但颠覆式创新也很重要，可以关注两个方向，一个是突破边界，一个是关注边缘。

跨界创新的案例很多，例如，宜家家居和无印良品都介入到了酒店领域，未来无人驾驶汽车可能会改写我们对住宿形态的认知。而来自边缘领域的创新在住宿业也经常观察到，爱彼迎和途家网的发展就是经典案例。爱彼迎短期内成长为世界最大的住宿集团，用长尾理论解释，就是民宿、公寓等所组成的住宿长尾，虽然相对酒店业态来说相对边缘，但长尾力量非常大，一旦通过网络技术进行整合，立刻产生颠覆性效应。

创新有很多类型，我们不一定要追求极端的创新。像途家网是 0 到 1 的创新，但更多的不能做到这一步，所以我们可以做过程的创新，产品线的延伸、服务的改进、风格的创新这种微创新。各种类型的创新对消费者来说会提供更好的产品，更加契合他们的需求，也推动整个行业向更高的阶段发展。

国有企业将推进战略性重组整合，坚持“横向合并”强化规模效应，“纵向联合”实现优势互补，“专业化整合”优化资源配置。围绕国企整体资源效率提升，深入推进企业之间的专业化整合。通过无偿划转、有偿收购、组建股份制公司等方式，打破企业边界推进专业化整合，实现资源向优势企业、主业企业集中。重组整合，数量上是做减法，但质量上却是做加法，产生“1+1 ＞ 2”的效果。

围绕协同效应发挥，切实加强重组后的内部整合融合。通过加强专项督查、开展重组效果评价等途径，指导推动重组企业加快同类业务横向整合、产业链上下游纵向整合，加快剥离非主业非优势业务，并同步做好管理、技术、市场资源等整合协同，实现“1+1>2”的重组目标。

例如，江苏省政府将属企业酒店类、旅游类资产整合注入金陵饭店集团，进一步提高酒店资产运营效率。江苏省出台的深化国有企业改革的实施意见明确要求，按照业务相近、功能相同、优势互补的原则，采取市场化和出资人推动等方式，推进国有企业优化整合和功能性重组。结合改建或组建国有资本投资、运营公司，采取资产划拨、作价出资、股权调整、整体兼并、企业分立等多种方式，重组整合一批功能相同的企业和不同企业中相同或相近的业务板块。2018 年 6 月，江苏省政府将一批酒店资产划拨给金陵饭店集团，其中西安紫金山大酒店以国有资产无偿划拨的方式进入金陵饭店集团，其他酒店类、旅游类资产或国有股权作价入股。

根据江苏省政府的部署，资源整合后，金陵饭店集团将加快发展步伐，形成以金陵饭店股份有限公司为核心企业、旅游业态协同发展、不断扩大国内省内市场份额、拓展境外业务的发展格局，打造国内一流、国外适度布局的国际化酒店集团。境外业务围绕“一带一路”优先布局，适时拓展欧美业务。

整合省属酒店资源注入金陵饭店集团也是复杂的系统工程。江苏省国资委将指导金陵饭店集团按照法律法规和政策规定推进整合工作，进一步完善企业法人治理结构，建立健全适应现代管理需要的组织架构；完善市场化经营机制，激发企业活力；全力化解各种矛盾风险，确保企业生产经营秩序正常和职工队伍稳定。同时，结合 2018 年国务院国有企业改革领导小组部署的“国企改革双百行动”任务，鼓励企业改革创新，着力破解制约企业发展的深层次问题，补齐改革短板，力争在改革重点领域和关键环节率先取得突破，努力形成“1+1>2”的整合效应。

二、突破边界融合发展

酒店所面临的竞争环境不再是一个单一封闭的生态系统。以产业升级需求为导向，着力提高生产性服务业的专业化发展能力，构建与制造业、农业交叉融合的产业协同发展体系。紧扣产业价值链的核心环节，支持服务企业利用信息、创意、营销渠道等优势，向制造环节拓展业务范围。

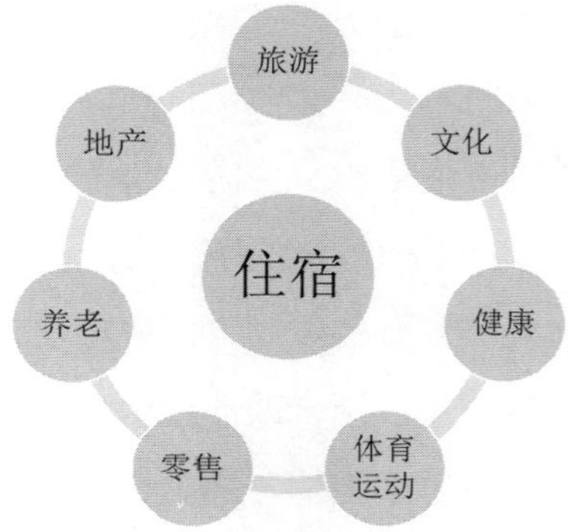

图 4-1 住宿业与其他产业融合发展、协同发展

1. 酒店 + 创意孵化器

CHAO 是诞生在酒店里的孵化器，用出品计划打造“斜杠青年”的聚集地。CHAO 是一个类似孵化器的酒店。CHAO 是精品体验式酒店，第一家坐落在繁华的三里屯，除了酒店应有的居住功能，CHAO 还专门设计有图书墙、地下展览室、舞台、教堂，未来可以举办展览、酒会，以及各种各样的活动和课程。相比传统酒店，CHAO 无疑多了一份人文与社交的气息。CHAO 也是孵化器，为创艺人提供联合办公空间，未来可能会以酒店为中心，呈卫星状散落在各大城市里。除了常规的办公位、咖啡厅，CHAO 还配有健身房、舞蹈室、录音棚、摄影棚，甚至还有印刷社，预备为入驻用户提供出版类服务。相比互联网孵化器，CHAO 看起来更贴近人文、艺术和生活。CHAO 还是一个主打生活方式的媒体平台，在展示美好生活内容、活动信息的同时，它也像一个舞台，为创艺人们提供一个成果展示的舞台。CHAO 一直有一项“出品计划”，线下空间（酒店）就是入驻创艺人展示作品的地方，而线上也是一个途径，未来可能会是电商的形式。调性或许会像良仓这种。CHAO 的初衷是想给奋斗的年轻人们一个高质量的生活与工作环境，未来中国也将会有越来越多的“斜杠青年”，CHAO 不仅想孵化这些创艺人，也将为他们提供一个中心舞台（比如酒店）进行曝光，同时通过社交（比如活动）将这些人连接起来，最终这些相遇的人又能碰撞出新的火花，如此循环往复。

2. 零售 + 酒店模式

家居生活品牌无印良品介入酒店领域，采用“酒店 + 餐厅 + 零售店铺”模式。

"网红"酒店扮演的商业逻辑是通过场景式消费吸引顾客，更多承载的是品牌宣传的作用。MUJI品牌的业务重点仍主要集中于服装、家居及健康美妆品。酒店有展示的作用，实际上MUJI采用的是场景化消费，客人入住酒店，如果看到喜欢的拖鞋、床单等用品就可以直接在楼下购买，同时IP化的植入也让客人可以进行微信、微博等网络口碑传播。MUJI布局网红酒店的商业逻辑，或是通过不同业态的场景式消费吸引顾客购买主营产品。未来的商业趋势将不再是单一功能，而会向多元化、多功能转化，形成新型业态。对于MUJI而言，酒店只是收益回收的一部分，更重要的是通过酒店、餐厅等实现消费者和产品的互动，强化对品牌文化的宣传，为大众提供品质生活解决方案，增加消费者认同，获得企业附加值，从而推动主体经营业务的增长。

家具企业宜家的IKEA Hotel已在瑞典阿姆霍特建造并开业，宜家还与万豪国际打造Moxy酒店品牌。宜家将在长沙建造集荟聚（LIVAT）购物中心、宜家家居、宜家办公楼、宜家创意公寓和酒店于一体的综合体项目，其中酒店业务的定位是中档精品酒店，在注重品质的同时兼顾性价比，服务商务和家庭旅客；50平方米左右的精品公寓将主要面向资金不足但有住房刚需的年轻人群，满足他们拎包入住的需求；办公楼也将增加服务性设计，如集中的大型共享会议中心和敞开式聚会的服务区环境等。日本家具连锁Nitori Holdings也宣布收购北海道县小樽市的高端日式旅舍银鳞庄（Ginrinsou），首度涉足酒店行业。

网易严选与青年社区、长租公寓、家装公司合作后，开始与民宿合作。2018年6月，网易自营的生活类精选电商品牌"网易严选"与携程旗下民宿连锁品牌"有家民宿"进行战略合作，宣布网易严选成为有家民宿的首选全屋软装合作方，将旗下的家装项目严选HOME与民宿结合。双方在广州市地标广州塔附近推出了第一个样本，是一套三室两厅的民宿。这家民宿的设计由网易严选负责，全屋大部分家具软装使用的也都是严选的产品。民宿内不同区域风格不同，设有专门的儿童房，最多可入住5人。严选HOME的实质业务包含三部分：示范体验空间、软装包及社区文化。希望通过消费者线下对严选产品的直接接触，直观感受到产品的温度。与严选HOME的大部分项目一样，严选民宿也采取了消费、营销、体验、入住合为一体的方案。即在客厅、卧室、卫生间等多个场景的各类严选产品旁，放置相应产品的二维码，如果住户对体验的产品感到满意，可以直接下单。

京东旅行与君澜酒店合作：零售＋酒店。京东将布局酒店场景拓展、会员赋能、双向采购、全景营销四大战略，未来京东酒店将通过四大核心战略，汇集多方优势，全面打通酒店行业的人、货、场，赋能行业实现突破性增长。携手“京造”，开启酒店无界零售模式。经常住酒店的朋友可能都知道传统酒店的客房、公共区域基本都是标配，如果想在这家酒店的各个场景中体验更多的新鲜事物，是难能实现的。现今，酒店为了增加用户会员的体验、突出客房产品服务价值和酒店的品牌调性，也逐步开始利用空间来打造互动场景，利用客房的软装设施与一些品牌打造特色客房。那么，君澜与“京造”品牌的合作，同样是打开了这样的跨界合作。“京造房”是君澜与京东在会员合作基础上的一次延伸，第一个落地项目是位于杭州钱塘江畔的景澜云台印象酒店，作为京东无界零售的一次跨界尝试。京造房是线上线下资源的有效互动，塑造了酒店消费场景新模式，是京东质造与君澜品质的有机融合。京造产品拥有其特性，拥有京东质造的质量管控。自 2018 年 6 月底君澜与京造展开合作以来，“京造”的 15 款产品已经进入君澜酒店集团旗下杭州景澜云台印象酒店。而截至目前，根据数据显示，京造房带动整个酒店的平均房价上涨 10% 左右。京造房的出租率可以达到 80%，远高于其他房型，好评率及复购率也较为领先。

京东与君澜的未来。通过前期与“京造房”项目的磨合，京东与君澜通过尝试了多频次的跨界合作。比如与飞利浦电动牙刷的合作，计划中的与美妆品牌的合作等。基于基础业务的巩固。双方均希望未来可以在以下三个方面开展更多酒店场景的多元化合作：第一，如无界零售酒店，包括：京选、京造、7fresh、快闪体验店等；无界零售酒店的理念，可以优化酒店空余空间，增加客人在酒店场景内的互动和消费。而京东自有的一些品牌和产品又有较好的品质和监管。第二，推进酒店供应链整合优化，提高坪效。每家酒店都有一套较完整的供应链，比如酒店的餐饮、酒店的布草等方面。京东的仓储、物流等都是业内首屈一指的。这方面的合作也是君澜和京东共有意愿洽谈合作的方向。第三，携手京东科技助力酒店服务，包括智能化酒店，度假酒店的无人机速递等。能够将京东的无人机、机器人快递、无人超市等科技衍生品落地到酒店场景中，也是未来酒店转型中一个很好的切入点。让更多高科技和智能化的设备融入酒店运营服务当中，可以减少人耗，帮助酒店提升服务效率等。未来，君澜和京东在场景化消费及服务方面，还有很多的想象空间和落地项目。双方在电商和酒店领域的核心优势资源的融合，将进一步提升君澜酒店新型消费场景的运营能力和服务能力，让君澜酒店的“生活美学”可以触达、影响更多的年轻人，同时也希望与京东的合作，可以为行业的转型变革，带来一些不一样的理解和改变。

3. 酒店 + 零售模式

打造酒店 + 自动售货机场景。近几年，随着互联网相关技术的发展和消费者对购物便利性要求的提高，中国的零售格局正在发生巨大变化。对于快消品来说，除了各种类型的超市、便利店以外，自动售货机以其便捷性强、可提供 24 小时服务的特点越来越受大众的欢迎。随着国内自动售货机行业发展得越来越好，其机器类型也随着市场需要不断地进行着变更，形状各异、功能不同，面向不同的应用场景，也有不同的细分。其中酒店客房场景就是自动售货机进军的重要领域之一。酒店客房智能售卖机的市场容量巨大，这样庞大的人流量和购买需求成了相关服务商眼中的“香饽饽”。

武汉易到家科技立足酒店客房场景，将自动售货机与 O2O 外卖服务相结合，立志打造全球领先的酒店客房智能化运营服务商。“趣朵拉”始于 2018 年 3 月，其通过 AI+IoT 等技术布局酒店场景下的电商和新零售，致力于给人们提供更加智能、便捷的客房入驻体验。“趣朵拉”以“趣朵拉”BOX 客房售货机为载体，提供 1 分钟扫码购买、30 分钟外卖送达和 24 小时在线商城等服务，此外还附带蓝牙音响，可语音交互、一键连接家居的智能客房相关功能及服务。“趣朵拉”BOX 客房售货机内售卖的物品以软饮、零食、日化用品、情趣用品为主，其商品的选择并不固定，而是以大数据技术为依托根据酒店所在地、酒店类型、用户习惯等因素选择商品类型。在客房售货机基础之上，“趣朵拉”为了增强用户的体验感，还以售货机为核心嵌入可控制客房设备的智能音箱，通过语音获取音乐和有声资源、设定闹钟和日程提醒，让客房更智能、舒适。“趣朵拉”团队对自己的定位是酒店场景下的垂直电商，其服务也不仅仅是客房售货机。在此之上“趣朵拉”还以微信小程序为载体，建立了 30 分钟送达的电商平台。电商平台扩充了商品的种类和品牌，SKU 超过 200 种。从具体某个品牌的防晒霜、卸妆水到出行必备的雨衣、雨伞，种类繁多。除了以上模式，“趣朵拉”还会建立一个24小时送达的在线商城，如果用户在酒店内买到了自己喜欢的产品回家之后也可以在该平台之上选择回购。

雅高新收购的生活方式酒店和餐饮集团SBE将与美国服装零售商Abercrombie & Fitch（A&F）合作，在多家酒店举办联合品牌活动，开设快闪店。A&F Club忠诚计划会员还将享受SBE旗下酒店、餐厅和娱乐场所提供的特殊奖励。两家公司所针对的目标客户相似，配合程度极高，与A&F团队建立合作是SBE发展和开拓交叉销售领域的重要一步。

4. 酒店＋健康模式

以酒店与健康管理的融合为例，由北投健康管理医院、北投老爷酒店共创的台北国际医旅，以“全人健康”理念，依托兼具自然、人文的北投区，提供兼具健康、休闲及深度人文“度假概念”的观光医疗服务。这不仅仅引领台湾观光医疗新趋势，同时把健康旅程的概念融入到温泉度假饭店的住宿、餐饮及休闲活动，在提供休闲度假的同时也促进健康的全新旅游服务形态。北投老爷酒店，是台北地区唯一规划多项馆内课程及馆外活动的酒店，以体适能运动、伸展放松运动、运动水疗池为三大主轴，设立有机精油的芳疗SPA、运动泉疗中心及多项休闲设施。作为台湾第一家“健康疗愈型度假酒店”，首创将健康旅程的概念融入温泉度假酒店的住宿、餐饮及休闲活动中，休闲度假同时也促进健康的全新旅游服务，实现优化健康生活的新旅程的概念，打造长远的健康“旅程”，顾客即使离开酒店，仍可展开全新的健康生活形态。北投健康管理医院，是台湾唯一命名为“健康”的医院，始终将“健康生活，尊荣关怀”经营理念牢记在心，坚持“视病犹亲”的宗旨，致力于发展具有特色的全人健康服务，专业的健康管理团队以及缜密的医疗网络，形成完善的医疗整合平台，更加有效、实时地提供贵宾健康管理、咨询及转诊服务。北投健康管理医院是顺应世界观光医疗产业发展潮流，首次结合温泉酒店、健康管理、美容医学三合一的创新服务，为目前台湾观光医疗产业开创了一个新的局面。

酒店与健身融合。随着消费结构升级，移动互联网的快速发展，中国的健身行业正处于变革阶段，消费者的健身需求呈现多样化趋势，各类新型健身形式逐渐涌现。Hyperfit捕捉到了健身行业和住宿行业双重行业变革的巨大机会，通过模式创新迅速构建了品牌独有的优势，并不断通过产品打磨，进一步实现了用户体验创新。Hyperfit 从酒店健身空间的场景切入私教健身领域，致力于在健身业和住宿业中间架上一座桥梁。通过改造酒店闲置场地，服务住客的同时，对外开放私教服务。住客可以享受免费课程与私教指导，周边白领可以享受极高性价比的健身私教服务，酒店可由此获得增量收入，是一个多赢的商业模式。Hyperfit 专注于健身私教服务，品牌所有门店均与精品酒店、公寓合作，通过重塑酒店健身空间，实现智能化、标准化管理与运营，彻底改善传统健身行业的成本结构，极大程度提高了品牌的运营效率。公司最初入驻锦江都城达华酒店，融合了老上海的腔调和健身潮流元素，迅速成为网红店。在 2018 年 7 月的新产品发布会上，Hyperfit 宣布与亚朵、虎扑合作，打造国内首个篮球主题酒店健身工作室，吸引了包括马布里在内的众多文体明星造访。

此外，共享健身仓品牌公园盒子完成数千万人民币 A+ 融资，由华住酒店集团领投。本轮资金除了用于研发更多形态的健身盒子外，还将帮助公园盒子从社区场景拓展到酒店场景，其中就包括了未来两年内华住酒店集团 500 个酒店项目。公园盒子共有 1.0、2.0 和 3.0 三个版本，3.0 版本继续迭代，打通所有的物联设备，可以统计分析用户的健身数据。公园盒子通过 8、18、28 平方米三种形态的仓，来满足用户陪伴式健身需求。主要覆盖区域以住宅、园区以及白领公寓为主。28 平方米的健身仓最多可容纳 5 人，且做了相应的隔断，为实际运营中坪效最高，互动性最好的产品形态。健身仓内置有跑步机、哑铃组和 AI 智能教练作为基本配置，其中 AI 智能教练作用是用户跟随机器健身，机器自动识别动作的标准性。

5. 酒店 + 其他

亚朵与产业地产运营商百富东方集团达成战略合作，在百富东方集团部署全国的产城融合项目中，亚朵将布局旗下高端酒店产品“亚朵 S 系列品牌”，双方将在城市产业创新平台之上，定义人文交流、商务会谈、休闲购物的汇聚之地，打造具有融合性，汇聚家庭、办公、社交的“第四空间”。

华住集团与建筑装饰品牌金螳螂控股签署战略合约，合资组建苏州华丽金饰建筑装饰有限公司，通过此次创新的合作模式，强强联合、优势互补，共同重塑酒店装修装饰的新标准。公司将发挥金螳螂在建筑装饰、室内外设计、软装等全产业链设计施工服务的品质优势，同时注入华住强大的空间运营经验，不断提升工程品质标准，并进一步有效控制成本和工程效率，打造一个共赢发展的美好局面。

此外，途家网介入智能门锁的制造、喜达屋梦之床制造等，是酒店与制造业合作的典型案例。

三、关注边缘从零到一

1. 住宿分享经济：资源整合与建立信用

住宿分享模式是分享经济的代表，采用“互联网 + 住宿业 + 分享经济”模式，以互联网为技术手段对小规模、散布在各处的民宿等非标住宿进行大范围整合。借助途家网、Airbnb、小猪、蚂蚁短租等住宿分享平台，供需双方可以轻易地分享非标住宿产品。

表 4–1　国内主要短租平台

运营模式	C2C	B2C	C2B2C
主要品牌	爱彼迎、途家网、小猪短租、蚂蚁短租、大鱼、榛果民宿、一家民宿、自在客、路客、游天下、一呆公寓、bnbtrip	途家网、喊你玩、棠果旅居、第六感	木鸟短租、自如民宿、Xbed 搜床、住百家

住宿分享经济追求“不求所有，但求所用”。消费者选择使用，而不是拥有；关注体验而不是占有。国家提出住房要回归使用本质，住宿分享经济正是提供回归之路的极佳工具。我国亟须建立信用体系，人与人之间的信任正是住宿分享经济发展的基石，住宿分享经济的发展有望促进和提升国民的相互信任，为推动信用体系建立贡献一分力量。

截至 2018 年上半年，途家网全球房源超过 120 万，其中国内房源超过 80 万。境内预订订单量同比增长 5.98 倍，境外预订订单增长 10 倍，2018 年全年间夜量预计超过 3000 万。海外民宿预订平台大鱼自助游正式加入途家集团。大鱼的加入，为途家带来 30 万以上的优质境外房源。截至 2018 年上半年，途家境外在线房源约 40 万套。

爱彼迎关注广泛顾客群体需求，致力于实现无障碍旅行方式，让平台变得更加包容和完善。中国已成为 Airbnb 主要发力的高增长市场之一，预计到 2020 年中国有望成为 Airbnb 最大的客源国。其作为一家外国企业进驻中国后，采取的一系列本土化策略为在中国的发展奠定了基础，便于其更加稳定地开拓中国市场。归纳起来，其本土化策略为：中文名 + 中国本土负责人 + 中国本土团队 + 本土费率。Airbnb 将持续加大在国内业务上的投资，建立起本土化的竞争壁垒。Airbnb 在中国注册独立企业，与政府分享护照号码和客人行踪等信息，把这些数据存储在中国境内服务器而不是美国的服务器上。Airbnb 的本地平台可以让游客用深受欢迎的微信登录，使用支付宝付房租。Airbnb 遵守与酒店业相同的规定，支付各项税款，重视与地方政府的合作伙伴关系。2017 年 Airbnb 发布中文名“爱彼迎”，2018 年 9 月新任爱彼迎中国区总裁正式入职，迎来一位了解中国的创业者，并将建立一支具备强大执行能力和专业技能的本土团队。爱彼迎宣布 10 月 16 日起调整中国区服务费率，具体变化：房客的服务费率从平均 13% 下调为 0，房东的服务费率从 3% 上调至 10%。比对其在中国区的主要竞争对手途家、小猪、榛果，这三家一直以来的服务费率就是房客 0，房东 10%。此番调整之后，Airbnb（爱彼迎）才算是真正在服务费率上“本土化”，在模式上趋向“本土化”，与竞争对手保持了行动一致性，避免其之前的尴尬处境。爱彼迎还将在中国设立专门的审核团队，以国际化的标准，对房源进行线上人工审核和线下的实地认证，并开设爱彼迎房东学院（AHA），帮助房东对房屋进行设计。另外，爱彼迎对社交服务领域的开辟也适应了当今发展趋势，使得核心共享住宿功能得到进一步延伸。

截至 2018 年 7 月，小猪短租全球房源突破 42 万套，覆盖国内 400 座城市，以及海外 252 个目的地，拥有超过 3500 万活跃用户。通过与大流量平台合作获取资源，同时通过与综艺、剧集跨界营销提高品牌知名度，影视 IP 合作能有效针对在线短租主要用户群体，有利于小猪进一步提高用户认知，扩大覆盖用户范围。小猪坚持从零构建共享住宿行业的基础设施体系，以进一步降低分享的难度，帮助房东提升服务的能力。如今，围绕小猪的交易平台，已经形成了完备的基础服务生态系统。截至 2018 年上半年，有超过 5000 位保洁管家，近 1000 位摄影师，数十万套智能设备在通过小猪的网络“共享”着自己的空闲时间、技能以及资源，为数以千万计的用户提供着帮助。小猪短租在现有的服务链基础之上推出了全新业务品牌揽租公社，为房东提供一站式的经营服务。针对公众最关注的安全问题，短租平台在坚持践行实名交易的基础之上，正在部署的最新一代智能门锁，能够同时支持人脸识别、NFC、蓝牙钥匙、数字密码四种开锁方式，不断通过整合最新科技，通过技术手段规避交易中的所有风险。

蚂蚁短租聚焦家庭出游，定位明确，有利于精细化和针对性服务。在在线短租住房日益发展成熟的时期，蚂蚁短租除了抓住高质量、精细化、多元化房源特色，还扩展相关服务保障，创立新行业标准，确保房源的安全和卫生与使用便捷等，为规范行业标准提供了借鉴。

在线短租服务的发展，离不开大数据与 AI。Xbed 抓住人工智能与大数据浪潮的风口，将传统酒店住宿服务迭代升级为搭载了人工智能平台的互联网酒店服务，构建了领先的大数据出行解决方案，创造出住宿行业更高的效率和价值。

住宿分享企业开始尝试依托平台向产业链其他环节延伸。一个尝试是建房子，例如，途家采用模块化技术建房和出售长期使用权再回租的运营模式，Airbnb 旗下的设计团队开始尝试对加入平台的房屋进行改造，以期提高住宅的利用效率。另一个尝试是进入大旅行领域，如 Airbnb 不满足止步于住宿业，突破原有的分享住宿界限，推出了全新“Trips”旅行平台，从房源、体验、目的地、航班、服务五个方面为游客提供精准的旅行目的地服务。爱彼迎认为其未来在于“成为整个旅游行业的平台”。这一新平台将把住宿体验、行程体验以及人文体验三者融合到一起。小猪短租也通过多领域的合作与跨界创新，打造住宿本地化服务生态链，为本地传统中小企业创造新的发展机遇，同时提升小猪用户的落地体验。

控制房源，背靠大树，强强联合，获取流量。例如目前途家已经打通了携程、艺龙、去哪儿、蚂蚁短租、58 赶集、微信酒店、芝麻信用等 8 个平台的房屋库存共享，形成流量 8 合 1。

还有最重要一点，是信用和诚信。双向评价系统。尽可能地避免短租市场出现损毁房屋、图文不符、房间设施不够完善等诸多问题。无论是用户的评价，还是房东的评价，每一个人的评价权重都不一样。对于那些信誉度良好、可信度比较高的用户和房东，他们的评价权重相对较高。同时，为了确保双方评价的信誉度和可信度，途家网是结合携程的大数据、阿里巴巴的芝麻信用，分析和判断双方在整个大评论体系中的级别。级别越高，相对应的累计积分也越高，其信誉度和可信度就越高。

双向筛选系统。平台推出“用户筛选”功能，用户在入住前能有效筛选好房子，房东也可以筛选好用户，甚至双方甚至还可以自行选择过滤信任等级低的用户或者房东。一般是通过约见房东办理入住登记和身份认证等手续，或者通过房东发送智能门锁密码完成入住。最新验证方式是采用人脸识别技术，“刷脸入住”不仅简化了手续、节约了时间，同时也提高了体验感。途家目前在测试“刷脸入住”。与蚂蚁短租在去年推出的“刷脸入住”（房东对房客的扫脸识别身份认证）不同，途家的“刷脸入住”能够把对实际入住人进行的活体验证、读取身份证等相关信息，同步上传至公安部门，便于公安部门对入住者的信息进行验证和记录，其校验级别已经达到了酒店级别。短租平台推出“刷脸入住”是一大便利，不仅解决了给房客送钥匙的难题，还使得身份证核验登记入住流程更加便捷化，在安全性上，也是一种提升。

共享体验。Airbnb 测试旅行规划的多人协作及互动功能。Airbnb 近年一直在拓展住宿以外的业务，陆续推出了旅行指南，体验服务以及为高端人士打造的全方位服务项目 Airbnb Beyond，目前 Beyond 只向获得邀请的用户提供服务。除此之外，Airbnb 还在筹备上线更多的旅行计划功能，包括添加旅行伙伴，与结伴旅客协作及共享信息。Airbnb 用户借助旅行伙伴功能将个人喜爱的民宿、体验活动、餐饮、景点等旅行计划共享，其他人可以对此进行评论与互动。旅行规划需要通过分享才能实现完整的价值，公司正在开发一项能够添加旅行伙伴的新功能，用户不仅可以撰写、分享旅行计划的想法，留下评论，还可以与其他旅客进行互动合作，真正创建属于自己的旅行。Airbnb 用户可以利用旅行伙伴功能向即将参与这趟旅程的旅客发送邀请。每个人都能将自己的想法上传至一个总表，包括个人喜爱的民宿、体验活动、餐饮，景点等，每个条目都将清楚地展示其创建者是谁。此外，其他人还能对这些条目进行评论，加强小组之间的互动。Airbnb Trips 栏目的 Organize 体验正在不断更新，成为规划全程旅行的一种方式。该公司还展示了一项未经推出的新型旅程规划功能，用户可以通过逐日查看的视图，了解所预订的服务，并通过嵌入地图了解预订的地点，另一项推荐功能也将为用户提供更多的活动灵感。Airbnb 还提出了一个 Trip Platform 的新概念，可用来提升 Airbnb 全程服务体验，推行新工具。Trip

Platform 的用户界面元素可反复使用，简化了新功能的创建和添加，并且与 Airbnb 的程序界面和用户体验进行了协调。

住宿分享经济将重构住宿业发展格局。从国际上看，爱彼迎不论是规模还是影响力已经引酒店集团巨头侧目。截止到 2017 年 7 月，爱彼迎在全球 191 个国家拥有的房屋库存，已经达到具有里程碑意义的 400 万个房间。这一数字比世界前五大酒店品牌，即万豪、希尔顿、洲际、温德姆和凯悦这五大酒店集团的合计库存还多出了近 100 万套。爱彼迎估值达到 310 亿美元，接近万豪酒店集团的市值。国际上最大住宿分享经济巨头爱彼迎的发展已经引起酒店集团的关注。从国内住宿公司客房规模来看，2017 年年底途家网、小猪短租和 Airbnb 已经进入前 10 大住宿企业集团，并且按客房拥有量途家网已经位列第一位。数据显示，住宿分享经济已经在住宿业赢得其一席之地，并且已经和正在和传统酒店住宿业形成一定的竞争关系。

考虑到住宿分享经济的影响已不可忽视，是合作还是对抗，不同酒店集团有着自己的选择。雅高酒店集团认为，酒店和度假租赁两者之间并不存在“零和游戏”，相反，市场在不断增长，酒店集团想跟上这样的大潮。打压共享经济是愚蠢和不负责任的，共享经济是更领先的服务模式，酒店行业需要做的不是对抗它，而是接受它。2016 年收购了线上租赁服务商 Squarebreak 和 Oasis Collections 分别 49% 和 30% 的股权，但选择让其独立运营，用户仍然可以在该网站上进行预订。随后雅高以 1.68 亿美元的价格收购了 Oasis 的竞争对手、高档短租平台 onefinestay，而 Onefinestay 在收购之后也不用做出任何改变。集团认为这些投资将帮助雅高更好地理解度假租赁市场上顾客的期望，并探索“高端酒店的互补性产品”。对于雅高而言，所有这三项投资都是相辅相成的，它们都是雅高酒店全球投资组合的一部分。接着又全面收购了精英私人度假品牌 Travel Keys。目前，雅高收购的几个短租平台统一整合为 Onefinestay 品牌，合并后将提供一万余个住宿选择，并将为所有物业统一接待和礼宾服务。

随着度假租赁市场蓬勃发展，催生出一批度假租赁房东和管理公司。而在这两者之间往往会因为不信任问题导致交易无法达成，Rented.com 由此创立金融担保模式，在房东和管理公司之间搭建桥梁。Rented.com 公布了一项 1.25 亿美元的融资业务。这笔投资将用于为房东建立一个“保证收入”。条件是房东必须一次性支付度假租赁管理公司一年的佣金。而那些只进行短期出租的房东无法获得 Rented 提供的保证收入。房东利用 Rented.com 等待托管公司通过竞争来代理出租他们的房屋。作为无论管理公司是否将房子租出，Rented.com 都将连续一年每月支付给房东相同数额“保证收入”的交换条件，将由 Rented.com 来选择它认为的最好的管理公司。而帮助房东获得更高保证收入的管理公司会被认为是最好的管理公司。Rented.com 通过度假租赁管理公司在 Airbnb、HomeAway 和 Booking.com 等平台上的营销情况以及他们物业管理方面的好坏来进行评判。当前，Rented 平台共有 1100 家管理公司，包括 Vacasa 和 Oasis。但 Rented 只会对这其中的一小部分进行担保。

一些度假管理公司已经开始了保证收入的尝试。比如 Sonder 为房东提供固定收益，Stay Alfred 与房东签署租约。西雅图金融科技公司 Loftium 为购房者提供最高 5 万美元的抵押贷款，只要他们承诺未来几年内将多余的房间出租给 Airbnb，并将出租收入的大部分给该公司。投资者可能会担心的一个风险是：全球经济低迷可能危及 Rented 支付保证收入的能力。McConnell 指出，在经济不景气的情况下，消费者通常会更频繁地将度假租赁房屋作为住酒店的替代品，而业主也更愿意接受较低的保证收入。另一风险是：如果 Rented 的金融担保模式成功，那么它很容易被更大的公司复制。Rented 平台上有 7 个大型的美国度假租赁管理公司，他们之中任何一个都有可能注意到该项目的潜在收益。但另一方面，在度假租赁市场当中，尚未开发的业务价值潜力巨大，这些业务可以通过金融担保转换，为很多市场玩家提供发展空间。众多新的发展趋势使他们很难决定到底是应该将房屋出售还是出租给度假游客，而这种新的金融模式可能会吸引这些人。

受 Airbnb 和 Booking.com 等平台的推动，度假租赁市场价值被推升到 1930 亿美元。然而，这个市场是相当分散的，房东有时为了把租赁房屋广告传到 Airbnb、Booking.com、猫途鹰等平台耗费大量时间和精力，还得为房屋的排名而操心。物业少的房东还好，对于物业比较多的房东来说，工作量巨大，由此而造成的房屋较高的空闲率。TravelNest 是一个中心平台，为度假租赁房东提供广告集中管理服务，在平台上展示广告数据和房屋性能，然后将这些传给 Airbnb、Booking.com、猫途鹰等平台。TravelNest 广告管理服务免费，仅在预订时收取广告佣金。美国精品度假租赁品牌 Sonder，平台房源是从开发商手中直接获取的，内部管理也由公司自己完成。Sonder 最关心房屋的室内设计，所以平台大部分房屋能够反映当地美学风格。此外，公司会定制来自制造商的一些家具和床上用品，并要求厂商在运营仓储物流时使用自己的库存跟踪软件。Sonder 雇用当地工作人员提供家政、维护和客户接待服务。Lyric 在租赁管理和营销方面采用了“设计领先，统一设施配套”的策略。Lyric 与多户型房地产开发商合作共同开发项目。Airbnb 并不专注于运营空间本身，而是基于交易平台打造优质住宿体验。Airbnb 的发展模式与 Booking.com、Expedia 类似，而 Sonder 则希望成为精品房屋领域的希尔顿 Airbnb 推出了全新优选房源制度体系 Airbnb Plus，向房东提出了标准化服务的要求。目前，这项服务已在 13 个城市上线，超过 2000 个民宿房源通过了质量认证。

2. 软品牌模式：赋能单体酒店

软品牌模式进入中国时间较晚，概念相对较新。单体酒店和品牌连锁酒店之间的界限在模糊，软品牌是介于二者之间的一种形式。软品牌也可称之为准品牌（quasi brand）或签名品牌（signature brand）。软品牌也不等同于酒店联盟，而是超越一般联盟，以公司化、集团化来运营。软品牌是相对于硬品牌而言的。可以把那些拥有一套统一的 VI 系统、硬件和软件标准的品牌称之为硬品牌。硬品牌酒店通常会被视为标准化和千篇一律，降低了业主独立性，也限制了其拥有的创造力。

加盟软品牌，酒店不需要受品牌标准的束缚，不需要统一的标识系统、设施设备、酒店用品、人员配备等；软品牌给予业主更大的灵活性，可保留酒店名字的独立性和自己的品牌身份，独立经营自主决策，保持酒店的个性特征和魅力。软品牌让独立酒店充分利用软品牌或所属酒店集团的中央预订系统、营销和销售渠道、顾客忠诚计划等资源，以更高效地获取客户；软品牌还可提供后台管理系统、收益管理系统、人员培训、集团采购等，以降低营业成本，提升运营效率；也有软品牌提供更多服务，如设计酒店集团（Design Hotel AG）还提供设计咨询。软品牌酒店管理公司制定准入门槛和进行品质监管。

精品酒店是加入一个软品牌还是独立运营，选择时也需要考虑酒店的目标消费者、营销收益、设计和运营指导原则以及与品牌化相关的成本。相对加入硬品牌而言，加入软品牌一般来说成本更低，合同更灵活。加入软品牌，可节省重新装修、更换标识系统和酒店用品以及人员培训的费用，但获得软品牌公司或背后品牌酒店集团的推荐网络和预订系统，需要支付一定的费用，遵守一些非正规的标准。软品牌的费用结构一般是会员费 + 收入百分比 + 营销费用。

软品牌在商业方面更具持续性，可以提供硬品牌所有的好处，但不必承担长期合同和高成本的特许经营费等负担。加入软品牌介于加入连锁品牌和保持独立运营之间，软品牌更像是一个合作伙伴，很多软品牌费用是基于绩效的，合同期限 3~5 年，也有短到 1 年的。

精品酒店是独立运营，还是选用品牌连锁，抑或是采用软品牌，并非一成不变。当酒店业主缺乏管理经验时，会加入硬品牌；当目的地尚未成熟或还未成为受欢迎的目的地时，加入硬品牌可为其带来客源；但当业主拥有较为丰富的管理经验或目的地较为成熟时，他们更愿意独立经营或加入软品牌。

加入软品牌后，在管理方式上，若业主具有运营能力，会选择自己经营；也可采取委托集团管理或第三方酒店管理公司管理。在酒店名称上，那些坐落在历史建筑、地标性建筑、特色鲜明的建筑或知名度高的建筑里面的精品酒店，更愿意保留自己的名称和品牌。一些新建精品酒店在加盟软品牌时通常会在名称里植入软品牌，例如海口中弘傲途格酒店。当然，也有老酒店也愿意植入软品牌名称，如上海衡山路十二号豪华精选酒店。

软品牌精品酒店带给消费者更大体验满意度。软品牌具有更大的灵活性，带给消费者更多独特性体验，更受消费者欢迎。硬品牌有可预期性，而软品牌往往更多带有惊喜成分。顾客期望在价格选择之外还能够获得单独的、特别的殷勤招待体验。软品牌强调满足、创造顾客的个性化需求。

精品酒店软品牌成长速度超过硬品牌。Ascend（雅思得）五年内就发展到 100 家酒店。从经营绩效看，软品牌公司除了自己的预订网络和会员系统，还与大的旅行机构建立有紧密联系，来自软品牌的预订系统的比重显示软品牌对于销售和营销努力有着正面的效果。同时，根据 STR 收集的数据显示，2014 年美国硬品牌酒店取得了更高的入住率，但软品牌酒店取得了更高的平均房价和每房收益。从客房价格层面而言，硬品牌酒店通常有非常清晰的客户群和定价策略，而软品牌酒店有更广泛的用户基础和更为灵活的定价策略。对业主而言，软品牌是赋予独立酒店以更多自由、独立性、独特性，且获得很多附属于一个品牌好处的一种方式。

软品牌模式未来潜力巨大。精品酒店的软品牌有望成为国内精品酒店发展的一种新模式和新趋势。精品酒店软品牌在国际上已有 50 余年的历史，已经 60 年历史的罗莱夏朵和 1995 年发布的豪华精选（Luxury Collection）都是较早以软品牌营销酒店的机构。软品牌这种形式近年来在国际上开始流行，特别是欧美国家精品酒店较多采用软品牌模式，但国内精品酒店软品牌尚处于萌芽状态。采用软品牌模式发展的新加坡筀美酒店进入中国市场后拓展迅速，未来国内以软品牌模式来运营的精品酒店组织一定会出现。

在中国市场上，可以观察到少数中端酒店和经济型酒店采用类软品牌的模式来运营。目前华住酒店集团的星程酒店（中档酒店）和尚美生活的 AAROOM（经济型酒店）采用的发展模式与软品牌类似。尚美生活推出的 AA ROOM 计划，将通过与全国中小城市的单体酒店合作，为合作酒店提供统一的品牌标识、统一的会员价格体系、统一部分设施和物资。酒店通过“AA 旅行”APP 的中央预订平台预订房间，共用尚美生活全国千万级的会员网络，并统一使用尚美生活的云酒店管理系统。99 旅馆连锁推出的 99 优选也类似于软品牌模式。99 旅馆在做小体量和低端市场的时候发现，很多 20~60 间房的小体量酒店做得不错，只是苦于没有品牌优势。公司适时跟进，推出了 99 优选。99 优选酒店以尊重本土化、个性化为产品理念，采取轻标准加盟的方式，最大程度地保留酒店原有的硬件设计特色，通过对客用品的品质提升，优化顾客体验。

携程最新推出的丽呈酒店，其模式符合软品牌的特征。丽呈英文品牌名为 Rezen，定位于高端连锁酒店，沿袭携程的互联网思维、全球化视野和服务至上的理念。丽呈酒店集团旨在通过空间设计、智能互动、精细服务，成为高端商务人士出行的首选。丽呈酒店根据不同定位细分为三个品牌，分别是定位超高端酒店的“丽呈华廷酒店”，定位高端全服务酒店的“丽呈酒店”，以及定位高端特色酒店品牌的“丽呈睿轩酒店”。丽呈酒店偏重大数据运营，给加入品牌的酒店方提供数据化支持，借助用户数据分析，改善经营管理，包括优化酒店硬件设施和服务细节，同时借助自己的会员体系、营销体系，整合资源，提升酒店的客源。品牌技术服务费与品牌使用费将是丽呈的两大营收来源，包括营销支持和数据支持等所产生的费用。

3. 区块链技术：未来颠覆住宿业的一种可能

旅游行业的三个重要部分：旅行内容、旅行交易、用户信息都存在严重的平台垄断状况，平台压榨了行业的大部分利润。在旅行内容方面，像 TripAdvisor、Instagram 或者 Booking.com 平台本身并不生产内容，它们的内容主要来自用户，平台把内容和流量通过电商或者其他方式变现，之后将所得到收益全部拿走，而真正创造价值的内容生产者本身没有获得任何回报。这种不公平的机制是互联网中心化时代的阶段性产物，违背时代发展潮流，不利于把整个互联网生态价值做大。

Winding Tree 的创始人认为，“如今旅游业的寡头垄断局面使得传统企业丧失了创新的经济动力，也给新兴创业公司制造了太高的准入门槛。即使偶尔出现一两个成功的案例，最终也只会被行业巨头们收购”，他们正在应用区块链技术建立一个没有中间商的旅行分销平台，从而实现把分销控制权重新归还给酒店和航空公司。途易 2017 年以 12 亿美元出售 Hotelbeds、把 TUI 从 B2B 分销商业务中脱身的主要原因，公司认为区块链可以很容易替代这一切。途易还与 Winding Tree 进行洽谈，该公司考虑建立没有中间商的、分散化的旅游分销平台，希望未来能把分销控制权重新归还给酒店和航空公司。

无论是互联网时代，还是区块链时代，本质上它们都是为旅游业服务的“工具”。互联网解决信息不对称，人工智能解决物质资源的不对称，区块链解决的是价值的不对称。旅游与酒店的本质都是无法被颠覆的。大型 OTA 和住宿分享平台由于拥有垄断性结构而创造利润，而区块链将可能颠覆住宿和旅游分销生态系统中的垄断格局。

区块链具有去中心化、公开透明、不可篡改等特性，基于区块链智能合约，将支付、交易、信用、投诉、争议解决系统都搬到智能合约上，将极大提高服务效率，减少运营成本，可能仅需要几十人就能服务成千上万的用户。目前区块链存在并发量不高、转账速度慢，以及手续摩擦费用高等问题。这些问题在零售领域上非常致命，因为没有人会愿意付出 2~5 元的手续费和超过 10 分钟确认时间来购买一杯咖啡。但当我们假设用户是在预订一间价格在数百元乃至更高的酒店房间时，小额手续费和 20 分钟左右的确认时间顿时变得不再那样难以接受。高盛在其区块链报告给出的适合于区块链未来应用的七个方向中，旅游和住宿领域正是其中之一。

新出现的面向旅游行业的区块链通用平台，试图消除寻租的中间商，比如OTA，将用户数据的控制权交还给消费者，将平台利益返还给商家和客户，提高价值链的效率，为旅游生态系统带来更公平的经济利益分配机制。在这个新的经济体中，所有为平台创造价值的个体，包括旅游内容创造者、产品和服务提供者，都能获得相应的回报。例如 Atlas，作为一个以区块链和通证经济为基础的平台，并不追求佣金收入和平台利润，把平台价值更合理地返还给商家和消费者。具体来说，商家无须再支付 15%~20% 的交易佣金，并有直接路径高效获得跨平台用户数据。而消费者发布旅行内容（推荐、分享或评论等）能够因其所带来的流量价值获得回报，消费者能在交易环节中获得返点回报和变现其本身的数据价值而获利。

区块链将有效提高交易流程的质量和效率。P2P 住宿正处于发展上升期，烦琐的声誉管理相关流程一直是其面临的重要挑战。区块链可以从预订到支付、再到评价，改进 P2P 住宿流程每一个步骤的用户体验。顾客需要和房主就房源进行短信交流，区块链技术的不可篡改性和全网通报特性，保证了顾客和房主的信用记录都可以随时被调出查阅，不仅更安全和透明，还可以大大缩短交流的时间。目前短租顾客入住后 24 小时，房主才收到房款，区块链可以帮助加快房主收款速度，方式有两种：一是通过安全的储存支付证书，二是通过优化要求，根据智能合约自动触发支付。爱彼迎已经收编了专注比特币微支付服务的区块链技术公司 ChangeCoin 的大部分员工，正在研究如何用区块链技术验证房东与用户的信誉和身份信息。

Atlas 试图彻底改变以往的利益分配方式和机制，让平台把这些利益返还给真正创造内容价值的用户。把内容价值转化为实际效益，用户可以看到自己电子钱包中的内容收益因为被社区其他用户浏览或认可而得到长尾性的提升。

在旅行交易环节层面，Booking、Expedia、携程这三家 OTA 巨头基本控制了在线预订市场 60%~70% 的规模。它们通过把大量的用户和供应商集中在平台上，向供应商收取 15%~20% 的佣金，然后用其规模优势购买垄断流量。这种交易实际上是一个垄断化的“租赁模型”，OTA 在完成平台搭建之后坐等“收租”即可，供应商尤其是小供应商完全没有议价能力。Windingtree 和 Trip.io 等采用区块链技术的平台以零佣金的形式，把整个交易环节中的更多利益让渡给创造真正价值的普通用户和供应商。

区块链解决的是信任问题。区块链上的分布式记账和智能合约能够把所有交易数据、运营和利益分配规则在区块上加以公开，它所具备的不可篡改性与透明性使得所有人都可以加以监督，建立信任体系。在用户信息层面，平台控制着全部用户数据并向供应商保密，供应商无从知晓用户的完整信息和在平台内其他供应商处产生的交易数据。用户本身对数据的所有权以及控制权也没有太多概念，这实际上也不合理。

当交易双方彼此并不相互信任，而且需要清晰记录信息（例如位置或所有权）并保证可供多方使用时，区块链似乎是最好的工具。Airbnb 已经从区块链技术服务公司 ChangeCoin 挖走了一批项目开发团队的工程师，正在研究如何用区块链技术验证房东与用户的信誉和身份信息，公司认为进军区块链应用可以帮助客户建立信任关系。

近期产品上线的区块链化旅行住宿预订平台 Tripio，正是基于区块链不可篡改的属性和对智能合约的支持，而着手打造了一个不可逆的零佣金去中介化预订平台，希望能从根本上打破 OTA 行业原有的商业模式。这一变革将更好地激发酒店等住宿供应商的积极性，帮助其做好直销服务，提升用户体验。

目前用户已经可以通过类似 Tripio 这样的区块链平台在线预订酒店及民宿，为了让区块链技术的各种优势在旅游行业中得到快速应用，对于尚未接受数字货币的服务提供方，平台目前会选择帮助交易双方自动完成数字货币与法币的兑换。未来随着智能合约的发展，智能合约构建的组织如同现实商业社会一样的运行，这样形成的去中心化组织网络会变得极其复杂和自治。

以 Tripio 为例，平台最初制定的一套智能合约对房间信息、预订信息、争议解决等一系列问题进行了规定，由此产生了由 Tripio 团队建立的官方交易市场。同时，链上社群内其他用户也都可以在智能合约基础上建立各自的细分交易市场，例如专门服务于旅行团、或是专门服务于学生群体等。这相当于 Tripio 官方团队所做的所有系统和体系的构建，最终都是为了给旅行行业先行修建了类似高速公路的公共基础设施，在这个基础设施之上，整个生态内的其他用户均可在后期加入到基础设施中来，对其进行进一步的建设和丰富，发挥自己的作用。

此外，由于区块链世界内所有的数据都是准确、公开、可追溯的，因此这些数据将搭建出一套更完整可信的商户信用体系。例如用户 A 花 500 元预订了某地酒店 3 个月后的一晚房间使用权。3 个月后，某地进入旅游旺季，房间均价 2000 仍然供不应求。但如果酒店因此拒绝兑现给用户 A 的服务，他们的行为也将永远不可篡改地被记录在区块链上供所有人查看，并相应降低自身的信用评分。反之，用户违约、损坏酒店设施等行为也将得到同样的记录。此外，由于有了这些真实完整的数据，我们也可以对用户的信用以及消费习惯做出更加准确的跟踪和分析。

另外，区块链可以有效解决忠诚度计划、完善旅游业用户识别管理、优化行李追踪、积分互换，以及简化旅游价值链支付流程等问题，客户档案、销售交易、财务数据篡改的概率很小。区块链可以帮助商户间打通积分孤岛，统一积分激励体系。积分激励体系在各行各业都是很好的营销工具，由于获取新用户的成本越来越高，商家往往推出各式积分系统来留住固有用户。但是积分体系在实际应用当中却多多少少存在问题。例如说用户觉得积分没有流通性，或是认识某一商户的积分没有很高的价值，从而使这些积分最终成为被搁置浪费的"死积分"。而这些问题都可以通过区块链的资产化角度解决，由于有区块链通过数字资产的担保方式来提供一个标准汇率，我们也可以把积分变成用户的数字资产。假设用户在酒店获得了积分，他可以选择将其变成机票积分、餐饮积分或是兑换回法币自由使用。

酒店和航空公司的忠诚度计划可能会过渡到区块链，以简化跟踪忠诚度积分，简化与所有合作伙伴之间转换和兑换积分的过程。澳洲 OTA Webjet 正在利用区块链试验酒店库存管理，通过每一次预订记录收集大量的数据，并确保及时向各方全额付款。未来，酒店和航空公司的忠诚度计划可能会过渡到区块链技术系统，以简化跟踪忠诚度积分以及与所有合作伙伴之间转换和兑换积分的过程等。

最后，旅游区块链未来都将呈现为高度自治的去中心化社区。对于区块链项目，最终的目标永远是使整个区块链在无人值守的状态下可以正常进行自主运作。也就是说，即使官方团队突然消失，其区块链内的各种智能合约将保障整个网络继续高效平稳地自动化运行。

4. 独角兽企业：另辟蹊径，迅速成长，成为龙头

独角兽公司一般指投资界对于 10 亿美元以上估值，并且创办时间相对较短的公司的称谓。独角兽，大多是运用新技术、新业态、新模式，大力改造提升传统产

业，发展新经济。往往不是颠覆行业就是重塑认知；改良派以传统巨头为基础进行内部孵化与转型升级。首先，国家的产业结构调整与升级需要新的力量注入，除了所有制层面的分工还需要再进一步的外延式发展；其次，城市名片与区域经济引擎需要新的视角，在外企高峰后空白期的今天显得尤为突出；再次，技术的进步、人群的消费升级等也赋予了行业变革的足够动力；最后，企业的内在成长路径、资本的助力以及很多巨头的自我裂变也成就了这两年独角兽的崛起。折叠式的发展最终影响的是企业的核心竞争力，质量控制根本跟不上野心，但故事却越讲越好。

独角兽企业很多是从商业模式或者消费端口切入的，兼具 IP 和职能作用，对于社会的影响是显著的。住宿业近年来涌现出一批独角兽企业，如途家网、亚朵酒店、维也纳等，其中途家网在 2017 年完成线上、线下拆分以后，仅线上平台估值已超过 15 亿美元。印度 OYO 酒店创始于 2013 年，是南亚最大连锁酒店品牌。OYO 酒店以特许经营、委托管理以及租赁经营模式运营酒店，旗下拥有 5000 多家酒店，超过 127 000 间客房，是一站式连锁酒店的先行者与行业标杆。截至 9 月下旬，OYO 酒店在中国近 200 座城市已经拥有超过 1800 家加盟酒店，客房数量达到 87 000 间。OYO 成立仅 5 年，估值超过 20 亿美元，无疑是被认定的“独角兽”。OYO 酒店拥有强大的酒店科技研发能力，加上线上线下全覆盖的销售网络，通过特许经营、委托管理、租赁经营三大模式，让中小型单体酒店跃升为高质量的旅居空间。在经济型酒店品牌汉庭、如家、锦江之星等领先地位较为稳固的背景下，OYO 酒店另辟蹊径，发掘了年轻人对新事物的好奇心，在对加盟酒店进行个性化改造的同时，同步进行具有相当话题性的品牌营销活动，并借助年轻人在社交平台上自主传播的力量，埋下了未来“爆红”的种子。在品牌营销上，OYO 酒店早早确定了“年轻化”“个性化”“网红风”的路线。除了网红墙之外，OYO 酒店接连发布的一组用户画像海报，更是道明了品牌营销所指向的用户群体——年轻、活力、潮流的新一代消费主力。

第五章

产业政策：更新发展理念，深化供给侧改革

一、更新住宿业发展理念

首先，观念认识上需要更新，要改变服务业是“虚”产业的认识。社会上一种声音认为住宿业作为服务业很“虚”，其实住宿业实实在在地为消费者提供住宿服务，满足消费者对美好生活的追求，也在为社会创造价值。

其次，高质量发展阶段的质量变革，体现在三方面：在发展的战略层面，要以“质量第一”为基本遵循的发展理念、目标导向和路径选择。具体到住宿业，要坚持“质量第一，效率优先”。根本上来讲，我国现在推行供给侧结构性改革，核心要义就是要提升供给体系质量，在追求“质量第一”的基础上，实现“效率优先”，通俗地讲，就是在追求“好”的发展的前提下，努力实现“快”的发展。在发展的价值层面，要以“质量第一”为评价、考核、行动和决策标准的价值取向。治理体系等，都要围绕“质量”来设计、来布局、来评价、来考核，突出“质量第一，效率优先”。建立质量优势，在实体经济发展中实施“质量变革”正是应有之义和切入点，关键举措正是提升产品、工程和服务质量。在发展的制度层面，要以“质量第一”为法律、制度和政策设计的出发点和落脚点。在住宿业的法律、政策乃至文化体系中，都要突出、彰显和倡导“质量”思维，要着力健全质量法制，加强质量方面的政策制定与实施，推动先进质量文化建设。

再次，思想观念要从规模优先转向质量第一，效益优先，所有的工作都要围绕提升质量来谋划，尽快实现由总量扩张到质量提升的转变。住宿业发展质量包括效率、效益、品质等多个方面，在住宿业从高速度增长转向高质量发展的过程中，发展动力从土地、资本和人力等要素驱动转向科技和创意等创新驱动，不断提升住宿业全要素生产率，实现高质量发展。而且，靠科学技术和文化创意的投入以及人的素质的提高带来的全要素生产率的提高，将成为拉动住宿业高质量发展的主要力量。政策创设要从求量导向转向提质导向，推动产品研发、项目投资等主要投向绿色发展、质量提升、效益提高等方面。工作方法要从行政推动转向市场引导，更加注重运用市场办法和信息化手段推动工作，发挥市场主体的作用。

最后，住宿服务要以人为本，关注细节。对于住宿服务来说，细节决定一切。长期以来，酒店在硬件设计上注重感官而忽略体验性，很多资金投向与客人需求背道而驰。例如，酒店管理者和业主关注淋浴设施的昂贵，却对客人洗澡体验如何关注不足。关于淋浴间的设计，有酒店淋浴设施全部从国外进口，造价高昂，但是洗澡的时候，要么不知如何操作，要么迟迟不出热水，或者洗澡水忽冷忽热。其实对于客人来说，不会极度关注淋浴设施是否是进口的，而在乎打开龙头后，水压是否足够、水温是否稳定、洗澡空间是否足够等。有些酒店将资金精力过多投入到客房的家具上面，如抽屉，但是客人并没有高频率的使用，反而忽略了客房本身的隔音效果、床的舒适度等客人最关切的地方。对于高端酒店来说，应该在酒店档次、感官、客人的感受与投入的经济性之间，要找到一个相对平衡的关系。

要致力于解决薪酬激励，提高员工积极性。高品质的服务缺少不了员工的积极性。对于目前薪资待遇低、工作繁重的服务员来说，施行小费制度可以有效调动员工的积极性。无锡君来集团的小费制度值得借鉴。该酒店这些年一直实行小费制度。利用互联网技术，客人手机扫描服务员胸前的专属二维码，就可以红包打赏服务好的员工，打赏的钱直接进入该服务员账上。同样，如果认为某道菜做得不错，也可以通过扫描菜品旁边摆放的二维码牌，给厨师进行奖励。通过互联网技术，把传统现场塞几块钱给接受者和给予者造成的尴尬处境给娱乐化了，而且调动了员工服务的积极性，也没有给酒店带来额外的负担。通过这种机制的建立，服务确实比较好的员工，小费净收入可达 1000~2000 元，对于基础员工来说，很有激励意义。

二、完善住宿产业体系

构建合理的住宿产业体系，不断升级住宿产业链。实现住宿业高质量发展目标，需要有完善的住宿产业体系才能保证支撑。住宿业的高质量发展，也必然要求我们坚持质量第一、效益优先的理念，推动旅游发展质量变革、效率变革、动力变革，提高全要素生产率，着力构建市场机制有效、微观主体有活力、宏观调控有度的经济体制。

从产业层面看，衡量高质量发展要求层次更加丰富，可能包括产业结构优化（子行业间协同性强、区域平衡、城乡平衡）、产业效益高、业态丰富多元、档次结构合理、产品质量高、经营主体竞争力强、生产效率高、经营者素质高、从业者素质和收入高、服务水平和信用水平高等一系列指标。从产业体系来说，更加健全、更为优化、更高效益、协同性更强的住宿业体系。住宿业高质量发展意味着协同发展的产业体系，协调的产业结构，中高速的产业发展水平，具有活力、竞争力和持续发展能力且高效益的市场主体，更加匹配的供需体系，高品质的住宿产品以及服务水平和信用水平高等。

在微观层面，要不断提高住宿企业的产品和服务质量，提高企业经营效益。在产业层面，要建设协同发展的产业体系，把各种要素调动好、配置好、协同好，充分发挥资本、资产、资金支持产业发展的作用，发挥各类劳动者和人才投身于创业创新的作用，协同促进住宿产业体系优质高效发展。要加快推动产业结构升级，增加中高端产品和服务的供给，不断提高产品和服务的附加值和竞争力，在更高水平上实现供需结构的动态均衡。通过创新促进新模式、新产品、新业态发展以及新技术的应用，使创新形成的新动能成为住宿业增长的动力源，持续增强住宿业创新力和竞争力。要紧扣新时期住宿业存在的不平衡不充分问题，针对更好满足广大人民对美好生活的多样化需求，更加注重平衡发展和结构优化，以平衡发展促结构优化和质量效益提高。

住宿业高质量发展衡量的重点要从重速度规模向重质量效益转变，从重经济功能向重综合功能转变，从重结果向结果、过程和潜力并重转变。考察旅游住宿项目投资，既要看投资的规模，又要看投资的效益，更要看投资的持续性和影响力；考察旅游住宿业就业，既要看新增就业人数，又要看就业结构，更要看就业人员的职业发展和素质提升；考察旅游住宿文化，既要看传统文化挖掘，又要看当代文化的形成，更要看文化自信的树立；考察旅游住宿政策，既要看政策的放宽和优惠，又要看市场在自由配置中决定性作用的发挥，更要看新时代政商关系和产业生态环境的构建。

要推动质量变革，关键是要抓住 3 个关键性的问题：劳动力质量的提高，产品质量的背后是人的质量，质量变革也只能依靠高技能的劳动力队伍来支撑，所以要大力地发展教育，大规模地开展在职职工的技能培训，尤其是要突出企业家的转型升级；真正地做到以需求为导向，质量是固有特性满足需要，只有满足了需要才能真正地提高质量，质量也才能真正地创造价值，所以要让市场发挥在质量变革中的决定性作用，在竞争中让消费者以脚投票来引导企业质量的提高；要突破性的发展“团体标准”，标准是质量的具体表现，要让政府标准真正发挥公共性、基础性和市场准入性的职能，同时全力地发展由社会组织、行业组织来制定的“团体标准”。不同“团体标准”的竞争，能够使产品质量更好地满足不同的消费需求，又能刺激“团体标准”参与者不断改进的内生动力。更重要的是，“团体标准”能够拉动检验、检测和认证机构的融合发展，真正让市场对质量变革起到决定性作用。

围绕提升全要素生产率，进一步推进制度创新、技术创新和商业模式创新，降低制度性交易成本，提高资源配置效率效能，实现创新要素自由流动和聚集，通过制度、服务、要素供给水平的提升，增强发展环境的吸引力和竞争力，使创新成为推动经济增长的主动力。

向价值链中高端迈进。转向高质量发展对广大企业既是挑战，也是重要机遇。要进一步明确推进高质量发展的重点领域和主攻方向。从产业价值链角度看，我国在酒店咨询设计、评估和交易、品牌输出和运营管理系统，以及高端酒店用品的生产等，例如大到厨房和工程方面的设施设备，小到客房布草和洗涤用品等领域，品牌竞争力都还不强。我国住宿业尚处于全球住宿业价值链的中低端，核心竞争力还不强，在国际上的话语权有待提升。积极参与国际分工，不断拓展我国旅游住宿业的全球话语权和产业影响力。通过供给侧结构性改革，提升我国住宿业在全球价值链中的分工位势，争取更有利的分工地位。我国住宿企业经历了从模仿者到创新者，再到目前探索中国式创新的过程。要全面开启自主品牌发展的新时代，住宿企业需要文化自信、品牌自信，也需要业主对本土品牌自信，更需要消费者和媒体的相信和信任，构建有利于本土品牌成长壮大的沃土。要通过技术进步和技术创新，加强住宿业研发设计、标准建立及营销网络布局等，不断提升产业链上产品和服务的附加值，推动我国住宿业向价值链高端攀升。

三、深化供给侧结构性改革

1. 住宿业亟须供给侧结构性改革

过去，我国住宿业供求矛盾主要表现为供求短缺，需要扩大供给规模；随着发展水平的提高，住宿业供求矛盾主要表现为部分产能过剩和部分需求得不到有效满足并存，需要进行供给侧结构性改革，以实现供给和需求更好匹配。

旅游住宿业面临产能过剩、供需错配问题。住宿业呈结构性供求失衡。住宿业供给和需求不平衡、不协调的矛盾和问题日益凸显，突出表现为供给侧对需求侧变化的适应性调整明显滞后。随着收入水平提高和中等收入群体扩大，消费者对旅游住宿产品品质、质量和服务水平要求明显提高，多样化、个性化、中高端需求与日俱增。而住宿业供给并未有效适应发展变化了的需求，导致供给与需求不匹配，这是发展中的结构性供求失衡。

数据显示，2015 年全国星级酒店平均出租率只有 54%，表现靠前的上海和北京分别为 65.8% 和 63.8%，但与国内经济型酒店超过 90%、中档酒店超过 80% 的出租率、独具特色的精品酒店和精品民宿一房难求，以及发达国家酒店高达 80% 以上的出租率相比，星级酒店呈现较明显的供给过剩。此外，大部分政府、企事业单位的宾馆、招待所、疗养机构和培训中心，以及一些旅馆客栈等出租率也较低。尽管住宿业在相当广的范围存在较为严重的产能过剩，但并不是总需求不足，而是需求变化的同时供给产品的品质、服务没有变化或跟不上变化，导致供给的结构不能满足需求结构变化。

住宿业供需错配表现为无效和低端供给过多，而有效和中高端供给不足。供给侧调整明显滞后于需求结构升级，消费者对高品质旅游住宿设施和服务的需求难以通过自主生产得到满足，出现蜂拥到境外度假消费的现象，例如大量游客到马尔代夫等海岛和到地中海俱乐部等海外目的地度假。投资与消费的比例不合理，反映的是国内供给体系无法满足居民消费需求的变化。

住宿业市场机制不健全，导致供需错配。体制机制束缚了住宿业供给侧结构调整。受传统体制机构和观念约束，供给侧调整表现出明显的迟滞，生产要素从无效需求领域向有效需求领域、从低端领域向中高端领域配置难以顺畅实现，新产品和新服务的供给潜力没有得到最大程度的释放。

在住宿业领域，高端酒店生产要素配置存在扭曲，妨碍了经济活力的有效释放和导致供需错配。例如，早期的城市综合体项目，其后的旅游综合体项目，以及目前兴起的特色旅游小镇项目等，鉴于政府为提升城市形象的强制性要求或开发商本身对地产价值提升的要求，建造了一大批不符合旅游住宿业市场规律的高端酒店。这其中很多酒店经营绩效不彰，同时也对整个市场造成了较大压力。

由于一些地方政府和金融机构对于不同规模和不同经济性质的住宿企业并非一视同仁，致使中小企业和民营企业融资、建设和运营成本过高，包括高税费负担、高融资成本、高用地用房成本，过高的供给成本既妨碍了供给方也妨碍了需求方。此外，部分国有住宿企业因为体制机制原因，导致大量“僵尸企业”难以退出市场，也不能根据市场需求及时调整供给。例如，部分二三星级酒店、国有宾馆酒店、招待所、休疗养机构、各部门内部培训中心等，沉淀了大量建筑、土地、设备和劳动力等生产要素。这些酒店设施老化，带病运营，使得要素难以从过剩领域流到有市场需求的领域，从低效率领域流到高效率领域，降低了资源配置效率。它们的存在一方面吞噬了太多的流动性，挤占了市场信用，另一方面拖累了整个行业。

我国旅游住宿产业体系在国际分工中位势较低。我国住宿业总体规模巨大，但就酒店品牌影响力而言仍大而不强。从产业价值链角度看，我国在酒店咨询设计、评估和交易、品牌输出和运营管理系统，以及高端酒店用品的生产等，例如大到厨房和工程方面的设施设备，小到客房布草和洗涤用品等领域，品牌竞争力都还不强。我国住宿业尚处于全球住宿业价值链的中低端，核心竞争力还不强，在国际上的话语权有待提升。

住宿产能过剩造成住宿企业亏损，伤害住宿经济活力和效率；也造成大量资源浪费，伤害代际公平，影响行业持续发展；此外，过剩产能多是中低端、同质化产品，造成供给结构落后，伤害行业竞争力。因此，住宿业产能过剩和供需错配倒逼住宿业供给侧结构性改革。而住宿业要保持中高速增长，必须通过推进供给侧结构性改革培育新的增长动力，实现新旧动能持续转换。

2. 住宿业供给侧结构性改革的方向

推动住宿业供给侧结构性改革，是住宿产业迈向高端水平的主动选择，旨在提高住宿业供给体系的质量和效率，使供给能力、供给质量和供给结构更好满足消费者日益增长、不断升级和个性化的住宿需求。

发挥市场配置资源的作用，实现供需充分有效匹配。住宿业要实现迈向高端水平的目标，需要以“创新、协调、绿色、开放、共享”五大发展理念引领，通过供给侧结构性改革实现“三去一降一补”，消除过剩产能以促进生产要素流动，实现传统动能更新和产业转型升级。

住宿业供给侧结构性改革的内涵是增强供给结构对需求变化的适应性和灵活性，不断让新的需求催生新的供给，让新的供给创造新的需求，在互相推动中实现住宿业发展。改革的关键抓手是化解住宿领域过剩产能、降低企业成本、加强优质供给、提升产业结构。这就需要在适度扩大总需求的同时，用改革的办法矫正供需结构错配和要素配置扭曲，减少无效和低端供给，扩大有效和中高端供给，促进要素流动和优化配置，实现更高水平的供需平衡。

着力扩大有效和中高端供给。这里的“高”不仅仅是指高端豪华酒店，更是指主题特色鲜明、高品质、高体验度、高附加值、高性价比的主题酒店、精品酒店、设计酒店、精品民宿以及一价全包式度假酒店等住宿业态。针对有效供给不足带来的大量需求外溢，消费能力外溢，需要国内住宿产品来一场“品质革命”，拉回更多外溢消费。

实施创新发展战略。五大发展理念中，“创新”居于首位，必须牢固树立创新发展理念，推动新技术、新业态、新模式蓬勃发展，为住宿业持续健康发展提供源源不断的内生动力。要不断提高产品质量、升级换代，以更好适应市场需求。既要推动新兴产业新业态蓬勃发展，也要注重用新技术新模式全面改造提升住宿产业。要坚持以提高质量和核心竞争力为中心，坚持创新驱动发展，扩大高质量产品和服务供给。要树立质量第一的强烈意识，开展质量提升行动，提高质量标准，加强全面管理。引导住宿企业形成自己的比较优势，发扬“工匠精神”，加强品牌建设，培育更多“百年老店”，增强产品竞争力。

充分释放新兴行业的供给端活力。供给侧结构性改革，就是要促使资金、土地、劳动力等要素从成熟的、老化的供给中，转移到新形成和正在扩张的供给中。一方面要通过对传统住宿业态的改造提升，优化重组，使之焕发活力；另一方面要大力培育新兴力量，逐步替代传统业态的衰减。住宿业供给侧一旦出现革命性的创新，市场需求就会排浪式增长。如住宿分享经济的发展。

发挥政府应有作用，营造更为公平的市场竞争环境。供给侧改革是一项系统工程，需要统筹兼顾，政府和市场协调与配合，发挥各自作用。政府要科学管理，做好行业统计、规划、监管、市场引导，提高产业素质，在市场准入、要素配置等方面创造条件，使中小微企业更好参与市场公平竞争，激活住宿企业和企业家的发展能动作用。

投资结构性改革需要有关企业按照市场需求变化组织有效投资，从而提供有效供给。要注重投资效率的提升和投资结构的优化，按照“矫正要素配置扭曲，扩大有效供给”的方针进行投资。投资酒店住宿项目应遵从市场规律，而不是把土地审批、项目奖励等与强制要求配备国际品牌的高端酒店相捆绑。

降低企业成本，主要包括交易成本、各种税费、融资成本、社会保障成本等。实施减税降费加速折旧降低企业财税成本，利率市场化结合降息降低企业财务成本，养老保险体系改革降低人力成本。以有利于增强企业创新能力、提高供给侧的质量与效率、改善供给结构，最终提高全要素生产率。

在推进供给侧结构性改革的过程中，要建立有效的过剩产能退出机制和淘汰机制，研究新形势下如何推动国有酒店不良债权的重组，“僵尸企业”的破产重整或清算，企业富余人员的分离和再就业，进而激发国有企业的生机活力。

产能过剩与有效供给不足并存，互联网将在这一过程中发挥巨大作用。例如，短租、度假租赁等住宿分享经济，正是借助与互联网对碎片化的住宿设施进行整合，有效利用了闲置的存量资产，创造了新供给，满足了旅游者的新需求。未来对于住宿分享经济应进一步创造有利于发展的政策环境，特别是信用体系的构建。

打破住宿业领域的国际分工格局，占据应有的位置。通过供给侧结构性改革提升我国住宿业在全球价值链中的分工位势，争取更有利的分工地位。我国住宿企业从模仿者到创新者，正在探索中国式创新，全面开启自主品牌发展的新时代。住宿业企业需要文化自信，品牌自信，也需要业主对本土品牌自信，更需要消费者和媒体相信和信任本土品牌，培养本土品牌成长壮大的沃土。通过技术进步和技术创新，加强住宿业研发设计、标准建立及营销网络布局等，不断提升产业链产品和服务的附加值，推动我国住宿业向价值链高端攀升。

四、促进民宿可持续发展

1. 民宿发展中的法律、安全、环保、管理、利益纠纷等问题日益引起关注

法律合规性问题。在我国，民宿受到各地重视，呈蓬勃发展态势。但从法律和合规性角度看，大量民宿一直在灰色地带运行。在我国，住宿行业需取得经营许可证才可依法营业。办一个合法民宿，必须要有商事登记、消防、公安特行、卫生、环保、税务等证照。而现实情况是，大部分民宿受房屋规模、建筑结构等限制，难以达到住宿业相关法律要求。例如消防通道，宾馆要求一般不少于两个疏散通道，很多民宿达不到要求，存在一定消防隐患，难以通过消防审批。民宿大多是由住房改造，实际上改变了房屋的用途，由自用变为商用，不具备商业经营的资质。因此民宿一般无法申请营业执照，从而长期处于无证经营状态。虽然绝大多数民宿经营者也希望合法经营，并积极申办证照，但审批困难，导致办证无门。以至于一旦有大检来临，就会被要求停业整顿，甚至拘留营业者，这给经营者带来极大的被动。过多无照经营的民宿涌现，也导致民宿市场无序经营，守法经营的民宿其权益会因此受到侵害。

安全问题。民宿发展中面临的安全问题包括传统安全和非传统安全。传统安全包括游客生命财产安全、消防安全、盗窃、疾病防疫等。消防安全方面，消防通道不合格，装饰材料不符合耐火要求，消防设施配备不足，从业人员缺乏消防技能训练，存在很大的消防、治安等不安全、不稳定隐患。有的民宿建在山边、溪边，离地质灾害点近，有的民宿卫生设施差，没规范的消毒和疾病防范措施。而非传统安全，包括诸如客人隐私保护、顾客数据泄露、心理安全等，例如曾曝出民宿房间安装摄像头事件，酒店顾客预订数据被黑客发布到网络上等。非传统安全也包括由于民宿布局分散，或地处偏僻，导致企业投入增大面临投资损失风险，以及员工在上班途中面临的人身安全问题。对于外国客人，按要求应该及时对外国人入住进行信息上报和审核，处理不当也会带来外交事件。

环保问题。民宿方面的环保问题包括内部环保问题和外部影响问题。内部环保

问题有民宿房间内的甲醛超标及其他有害气体的消除，布草、洗浴用品不合格，生活污水的处理和排放等。外部环保问题则是由于民宿生活污水处理不当导致对周边土壤、水质和环境的污染问题。例如，大理双廊的就曾因为部分民宿排放污水处理不到位，造成洱海污染，最终要求上千家民宿全部停业整改，从而对民宿业主带来巨大损失。这显示多数地方政府对于乡村旅游所涉及的民宿发展规划、规范和监管是滞后的，开始的时候任其自由生长，直到问题严重后才进行规制。

运营管理问题。民宿因其“非标”属性而备受欢迎，同样也因为“非标”问题让人诟病不已。从线下调查和预订平台上的顾客评价来看，顾客抱怨问题主要表现在对民宿的设施设备、经营服务、总体评价、安全卫生以及服务响应不及时等方面的不满。例如，布草更换不及时，甚至有时不更换；卫生标准低，客人难以接受；半夜停水停电，顾客找不到服务人员处理，服务响应慢；民宿经营者对顾客抱怨方面的评论回复率较低等，这些都导致服务品质难以得到有效保障。一些网红民宿，能一夜爆红，但不能光有花架子，必须解决顾客关心的核心问题。民宿预订平台面临信息不对称、顾客诚信以及评价不真实等问题。这些在酒店行业最基本、标准化的服务，在民宿却成为大难题。某种意义上，“非标”代表了温度感、家庭氛围的营造，但因为民宿从业者的非专业性和进入的低门槛，逐渐暴露出管理粗放、服务缺失、应对不周等问题，这导致从业人员流失严重、招聘困难等问题，极大地影响了民宿业态的高质量、可持续发展。

社区利益纠纷问题。发展民宿为所在社区带来了就业、收入、产业升级、传统文化复兴、文化自信、新的生活方式等众多收获，但也会带来一些利益纠纷。例如，大量外来游客短暂入住停留，对社区治安带来隐患；民宿运营在夏天用水用电高峰时可能会导致电力紧张，供水水压不足，对社区居民正常生活带来不便；一些民宿经营者不能很好地处理邻里关系，社区若又未能分享到相关利益，这些可能会导致邻里关系紧张。

2. 守住底线，提升品质，促进民宿可持续发展

解决民宿发展和监管中的法律空白。民宿也应依法兴旅，依法监管，在阳光下运行。在日本，民宿也长期处于灰色地带，今年日本开始实施民宿新法，新法规定经营者必须正式通过申请，领取民宿营业执照，制作住房名册。建议我国对民宿业

进行实事求是的评估，尽快依法出台科学合理的民宿法律法规，解决民宿经营的合法性问题。要做到既立规严谨，又充分尊重民宿行业特点，特别是城中村、城市民房现状，降低行业准入门槛，又守住安全底线。相关部门依法审查房屋的消防、安全等信息，对符合法规和出租资质的民宿经营行为做好登记备案，并向公安等相关部门报备，便于工商、税务、消防、公安、文化和旅游等部门依法监管。遇到问题不应一罚了之或直接关门停业，建议执法部门先行告知，要求民宿经营者应先行整改，同时给予经营者整改提供便利。

确保民宿发展中的安全环保底线。安全和环保问题是一个底线问题，关系到旅游目的地旅游和民宿的长远发展，这就要求当地政府要把民宿的发展规划和规范管理工作做到前面。民宿安全方面，既要严守传统安全的底线，也要杜绝非传统安全的发生。民宿环保方面，应要求民宿业主或经营者在厕所安装抽水马桶，并建化粪池进行处理；在垃圾处理方面，生活垃圾、塑料袋、废纸等实施垃圾分类，统一处理；安装地下管网和油污分离器等污水处理装置。在有条件的地方，政府可以统一安置污水处理系统。民宿装修完毕应通风一段时间才能开始营业，所用布草、洗浴用品应该符合国家相关标准。在乡村，要对开展民宿的村民进行培训，培养村民的卫生习惯。

出台促进民宿业发展的意见。发展民宿，不能按过去发展酒店的规则来规制当前民宿行业的发展，要在行政主管部门的主导下，出台促进民宿业发展的意见。要制定民宿行业服务标准。发展民宿应有最低的进入门槛，遵循基本规范，以防犯一些低级错误。但不应强制要求按照统一的标准，最后搞成千篇一律。对于环保、安全等是有底线的，对于文化创意、创新和品质是无上限的，不应因为遵循标准限制了想象力和创造力的发挥。应提倡文化引领，文化旅游融合，文化创意植入，打造特色精品民宿，提升消费者体验。各地区应开展民宿专题培训，提供良好服务和专业化管理，对于代表性的、优秀的民宿应进行表彰。对于开民宿和投民宿要营造好的营商环境，实施鼓励政策，对民宿融资鼓励采用众筹等新模式；加强民宿安全管理，如安装民宿治安管理系统，落实旅客住宿登记制度；信息采集应用先进的人脸识别技术和智能门锁；借鉴国际经验，关注社区居民的发展权，平衡各方主体的利益，处理好社区关系，注重居民参与，实现合作共赢。

五、改革影响住宿发展的制度因素

要努力为国有企业和民营企业、内资企业和外资企业创造公平竞争、八仙过海、各显身手的广阔舞台和优越营商环境。住宿业能满足人们不断对美好生活的向往，要实现产品质量的提高和服务水平的提升，就需要有良好的营商环境、健全的现代企业制度和竞争有序的市场。这一切都是市场在配置资源中起决定性作用。需求与供给是互相匹配、互相引导的。消费升级带来供给调整，带来生产端的创新与提升。企业能否真正实现转型升级和创新发展，从单个企业来讲，其内部的理念转变、管理创新、技术创新等是必不可少的。而对国家整体而言，最为关键的是要创造一个良好的、有利于企业转型升级与创新发展的体制和政策环境。

政府要致力于减轻企业税费负担、解决民营企业融资难融资贵问题、营造公平竞争环境、完善政策执行方式、构建亲清新型政商关系、保护企业家人身和财产安全。特别是要大力降低住宿企业的经济成本，降低制度性交易成本，继续清理涉企收费，加大对乱收费的查处和整治力度。用好用足“大众创业、万众创新”的政策红利。充分发挥企业市场主体作用，激励企业家精神。保护劳动者利益，实现劳动力素质的有效提升。这有利于为服务企业营造宽松的发展环境，最大限度消除资源配置扭曲并激发创造活力，为住宿服务业高质量发展奠定基础。

要不断完善制约住宿发展的制度因素，例如民宿一直在灰色地带运行，需要制定相关的法律法规将其合法化。上一版星级饭店标准出台到今天已经过去八年，星级饭店标准管理机构要与时俱进，及时出台新的星级饭店标准。对住宿业的统计还停留在对星级饭店的统计，蓬勃发展的新业态尚未纳入统计范畴，因此住宿业统计不能反映整个住宿业发展的全貌，下一步需要建立更完善的住宿业统计体系。一些地方政府对民宿等住宿业态发展的用地、配套、融资、补贴、奖励等各项政策应落到实处。各地对于酒店项目品牌的引进，应因地制宜，而不应唯大唯名是瞻，出现类似只能引进国际酒店品牌和全球规模前十强酒店集团旗下的品牌等限定。

地方在项目选择上，应由“看体量”向“看质量”转变。树立和践行绿水青山就是金山银山的理念，按照创新发展、绿色发展要求，运用质量、技术、环保标准等对项目投资实行准入限制，改变过去“捡到篮子里都是菜”的做法，以高质量项目支撑高质量发展，不断提高经济发展的“含金量”和“含绿量”。不以项目体量作为引进的依据，而应以是否符合地方需求、是否能展示本地历史文化和城市形象等作为依据，多引进精品民宿、精品酒店、主题酒店等住宿业态。

制定住宿企业布草标准、洗浴用品标准等。随着旅游消费规模不断增加，消费者的住宿需求日益增长，酒店布草问题备受关注。如今消费者对酒店服务的需求已不再是挂牌上的“今日已清洗”，而是切实感知“一客一换”等布草管理带来的安全安心的服务。布草管理国家标准的正式落地，不仅会弥补酒店床单布草方面行业标准的空白，也将有利于提升酒店的服务质量和消费者住宿体验，改变酒店行业与消费者之间的信任关系，同时还将环保的理念深入饭店行业。

加强网络安全建设。住宿企业积极做好等级保护，达到相关法规条例规定的网络安全水平；定期进行系统的安全测试，评估系统的安全性并作出相应措施，防止消费者个人信息泄露、丢失；关键业务务必做源代码的安全审计，从软件开发源程序上查找安全漏洞，安全开发；建立企业安全应急响应机制，及时向公众发布事件处理进展。加强员工的安全意识培训，做好管控工作。